Ma maison au champ d' honneur

Frances Wilson Huard

Writat

Cette édition parue en 2024

ISBN : 9789359947839

Publié par
Writat
email : info@writat.com

Contenu

je

La troisième semaine de juillet trouva une très joyeuse réunion au château de Villiers. (Villiers est notre résidence d'été située près de la Marne, à soixante miles ou une heure de train de Paris.)

Rien, je pense, n'aurait pu être plus éloigné des pensées que l'idée de guerre. Notre May Wilson Preston, l'artiste; Mme Chase, rédactrice en chef d'un magazine féminin bien connu ; Hugues Delorme, l'artiste français ; et de nombreux autres invités discutaient du théâtre et de « l' affaire Caillaux » sous tous les points de vue imaginables, et leurs conversations n'étaient interrompues que par de sérieuses tentatives pour prouver leur supériorité nationale au pont et de longues promenades délicieuses dans le parc.

En repensant à ces moments joyeux, je me souviens très bien d'un matin ensoleillé où, après une demi-heure d'escalade, nous avons atteint le point le plus élevé de notre propriété. Bien au chaud et un peu essoufflés, nous nous sommes abrités sous un gros hêtre pourpre, et j'entends encore H. expliquer à Mme Chase :

" Au-dessous de vous, à droite, coule la Marne, et là-bas, au-delà de ces collines, voyez-vous cette longue ligne droite d'arbres ? "

"Oui."

"Eh bien, c'est la route qui mène de Paris à Metz !"

A ce moment-là, je suis sûr qu'il n'avait pas la moindre *arrière pensée* .

Le lundi 27, Mme Preston, ayant décidé de prendre congé, je résolus de l'accompagner à Paris. Plusieurs membres de la maison nous rejoignirent, laissant H. et une demi-douzaine d'amis à Villiers. Nous avons pris un train tôt le matin et, enveloppés dans nos journaux, nous roulions paisiblement vers la capitale quand quelqu'un nous a crié : « Pour l'amour du ciel, regardez ces drôles de soldats !

En jetant un coup d'œil par la fenêtre, j'aperçus de nombreux hommes aux cheveux gris et à la barbe touffue, postés à distance égale le long de la ligne, tandis que çà et là de petits groupes sous ou autour d'une tente préparaient le repas du matin.

Quelles créatures étranges c'était ! tout sauf militaires dans leurs combinaisons blanches sales – les seules choses qui trahissaient leur vocation étaient leurs casquettes et leurs fusils !

"Qu'est-ce qu'ils sont ?" » a demandé un Américain.

"Oh, seulement quelques territoriaux purgeant leur dernière période de vingt-neuf jours. Ce n'est pas la peine de leur donner des uniformes pour si peu de temps !"

"Bah!" venait de l'autre bout du compartiment. "Je devrais penser qu'il faisait assez chaud dans la caserne sans obliger les hommes de cet âge à monter la garde au soleil !"

"Il est temps pour les *grandes manœuvres* , n'est-ce pas ?"

Et de la même manière, la conversation montait et diminuait, et nous retournions à nos journaux, ne prêtant plus attention aux territoriaux stationnés le long des voies ferrées.

Une soirée théâtre ayant été organisée, j'ai décidé de faire escale à Paris. La pièce était *Georgette Lemeunier* à la Comédie Française . La salle était pleine, le public composé principalement d'Américains et de touristes, et tout au long de la pièce, même les allusions très significatives à l'actualité politique n'ont pas réussi à susciter un enthousiasme inhabituel de la part du contingent français. Au dehors, pas même une *édition spéciale de la Presse* ne laissait présager le moindre malaise.

Le lendemain, soit mardi 28, j'avais un rendez-vous d'affaires avec mes amis, M. Gautron et M. Pierre Mortier , rédacteur en chef du *Gil Blas* . M. Gautron était à l'écoute, mais M. Mortier nous fit attendre plus d'une heure et quand finalement nous désespérâmes de sa venue, j'entendis quelqu'un traverser la cour en toute hâte, et la cloche sonna avec impatience. M. Mortier s'est précipité, à l'improviste, très rouge, très excité, très désolé.

"Mille pardons. Je suis horriblement en retard, mais vous me pardonnerez quand vous entendrez la nouvelle. Je viens d'arriver du ministère des Affaires étrangères. Toutes les relations diplomatiques avec l'Allemagne sont suspendues. La guerre sera déclarée samedi !"

M. Gautron et moi nous sommes regardés, puis M. Mortier , et avons souri.

"Non, je ne plaisante pas. Je suis aussi sérieux que je ne l'ai jamais été dans ma vie. La preuve : en sortant du ministère des Affaires étrangères, je suis allé me faire plomber une dent négligée, et en descendant, je me suis arrêté chez mon cordonnier. et j'ai commandé une paire de bonnes bottes solides pour samedi matin. Je serai alors apte à rejoindre mon régiment.

Nos visages sont tombés.

"Mais pourquoi samedi ?"

"Parce que samedi c'est le premier août, et l'idée de garder la nouvelle sous silence est d'éviter une panique à la Bourse, et de laisser le temps aux paiements de juillet de se réaliser."

"Tu ne crois pas vraiment que ce soit sérieux, n'est-ce pas ?"

"Oui, vraiment. Je ne me trompe pas, et si j'ai un conseil à vous donner, c'est celui-ci : retirez tout l'argent que vous pouvez de votre banque et prenez tout l'or qu'elle vous donnera. Vous en aurez peut-être besoin." Mais j'ai téléphoné aux *Gil Blas* pour qu'ils en fassent autant pour nous. Le pire de tout, c'est que tous les hommes de mon journal sont d'un âge lié au service militaire, ce qui fait que quand je pars, le personnel, les imprimeurs. et tous devront partir le même jour et le *Gil Blas* ferme ses portes. Nous cessons d'exister, c'est tout. »

Un peu déconcertés par cette étonnante nouvelle, nous avons eu un peu de difficulté à établir les faits, mais lorsque nous avons fait affaire, nous avons été promptement dépêchés et M. Mortier a pris congé. M. Gautron m'a emmené déjeuner.

« Vous devez venir », a-t-il protesté lorsque j'ai plaidé mes fiançailles. "Vous devez venir, sinon ma femme et mes garçons ne me croiront jamais."

Nous trouvâmes Madame Gautron et ses deux splendides fils attendant avec une certaine impatience. Nous avons annoncé nos nouvelles.

"Viens, viens maintenant. Tu ne peux pas nous obliger à prendre ça comme excuse !"

Nous protestâmes de notre sincérité et entrâmes dans le déjeuner qui commença assez silencieusement.

J'ai interrogé les garçons sur leurs devoirs militaires. Tous deux étaient sous-officiers dans un régiment d'infanterie et devaient rejoindre leur caserne dans les vingt-quatre heures suivant l'appel aux armes.

Nous ne nous sommes pas attardés autour de notre café. Chacun semblait soucieux de vaquer à ses occupations. J'ai laissé les garçons Gautron au coin de leur rue, chacun portant ses chaussures militaires sous le bras.

"A graisser... en cas d'accident", expliquèrent-ils en riant.

C'était la dernière fois que je les voyais. Ils tombèrent « au Champ d' Honneur » le même jour et à peine un mois plus tard.

Mais revenons à mes affaires.

Un peu bouleversé par ce que m'avait dit M. Mortier , je me précipitai vers le poste téléphonique le plus proche et demandai Villiers. Lorsqu'après ce qui me parut un temps interminable j'obtins la connexion, j'expliquai à H. ce qui s'était passé.

"Pour l'amour du ciel, laissez la politique tranquille et prenez le train de cinq heures pour rentrer chez vous ! Nous avons besoin que vous fassiez un deuxième quart au pont." La légèreté de H. m'a quelque peu rassuré, même si, par prudence, je me suis adressé à ma banque et lui ai demandé le retrait de la totalité de mon compte.

"Eh bien, madame Huard," dit le greffier surpris, "vous voulez dire que vous avez peur ?"

J'ai expliqué ce que j'avais entendu le matin.

" *Pensez-vous ? Non !* Nous serions les premiers avertis. Nous étions tellement plus près de la guerre il y a deux ans... à Agadir ! Il n'y a pas lieu de s'alarmer. "

Il m'a presque convaincu, mais après avoir hésité un moment, j'ai décidé de m'en tenir à mes intentions initiales.

"Je peux toujours remettre mon argent dans une semaine environ si tout s'arrête et que je découvre que je n'en ai pas besoin", ai-je argumenté.

"Certainement, Madame, comme vous voudrez."

Et le vingt-huit juillet la *Société La Générale* m'a donné tout l'or que j'avais demandé.

Alors que l'express de cinq heures me rapporçait en toute hâte, j'ai commencé à comprendre la gravité de la situation, car les « soldats à l'air étrange » étaient plus rapprochés tout au long de la voie ferrée, et je me suis rendu compte que leur mission était très sérieuse. à savoir celui de sauvegarder l'artère sidérurgique qui mène de Paris à la frontière orientale.

A Charly , notre gare, j'ai été très surpris de voir trois officiers français en grand uniforme descendre du train et monter dans le taxi-bus qui dépose ses voyageurs dans le seul hôtel des environs.

Au château, mon histoire n'a pas fait impression. Les hommes ont fait caca l'idée de la guerre et sont revenus aux journaux du soir et aux *processus. Caillaux* , ce qui était la question la plus passionnante du moment. Dans le garde-manger, la nouvelle fut accueillie avec hilarité, et le cocher et le jardinier déclarèrent qu'ils épauleraient leurs pelles et *feraient la guerre en sabots* .

Mon amie et voisine, Elizabeth Gauthier, était la seule à prendre l'affaire au sérieux, et cela parce qu'elle n'avait pas moins de cinq frères et un mari qui serait obligé de servir en cas d'événements graves. J'eus un peu honte en voyant son visage s'assombrir, car après tout elle était seule à Villiers avec deux petits enfants ; son mari, l'archiviste bien connu, ne vient que pour le week-end. "Quel est le sens d'alarmer les gens si inutilement ?" Je pensais.

Mercredi 29, les journaux commençaient à parler d'une « tension dans les relations politiques entre la France et l'Allemagne » qui n'éteignait pourtant pas la gaieté d'un pique-nique dans le bosquet au bord de notre rivière.

L'après-midi, le vieux *garde-champêtre* demanda H. dans la cour.

« En cas de mobilisation, dit-il, vous avez trois chevaux et votre charrette à présenter aux autorités. Votre charrette doit avoir ses auvents complets. Et vos chevaux attelés à leurs licols !

H. rit et lui dit qu'il se donnait beaucoup de peine inutilement.

Jeudi 30, jour de marché à Charly , commune la plus proche de Villiers. Nous sommes tous les deux descendus en voiture Victoria et n'avons pas été surpris de voir mes officiers de la veille assis dans la salle à manger de l'hôtel, finissant leur petit-déjeuner.

"Pourquoi sont-ils ici ?" J'ai interrogé le propriétaire.

"Oh, ils appartiennent à l' *Etat Major* et sont ici pour vérifier leurs cartes. Le maire leur a donné un bureau à la mairie. Ils partent à vélo tôt chaque matin et ne reviennent que pour les repas."

"C'est plutôt un régal de voir un uniforme ici, où pratiquement aucun officier n'est apparu depuis l'année dernière où nous avons reçu le prince Georges de Serbie et son état-major pendant trois jours."

Le thème général du marché n'était certainement *pas* la guerre et nous rentrâmes chez nous quelque peu rassurés.

Vendredi 31, cependant, le ton des journaux était sérieux et notre petit village commença à s'alarmer lorsque plusieurs soldats en congé reçurent des télégrammes officiels individuels pour rejoindre immédiatement leurs régiments. On voyait de petits groupes de paysans regroupés le long de la rue du village, chose inouïe en cette saison chargée où les vignes ont tant besoin d'attention. Vers midi, la nouvelle se répandit comme une traînée de poudre que les hommes appartenant aux classes les plus jeunes avaient reçu leurs mentions officielles et que nous partions rejoindre leur corps. Pourtant, il n'y a eu aucune agitation nulle part.

"Cela va durer trois semaines et ils rentreront tous sains et saufs. Mais c'est gênant que le gouvernement choisisse uniquement notre saison la plus chargée pour emmener les hommes en vacances!" » a déclaré un paysan.

Il y avait moins d'hilarité dans la salle des domestiques lorsque j'entrai après le déjeuner. Du moins, je le pensais. Les hommes avaient fait leur travail plus vite que d'habitude et les femmes faisaient la vaisselle en silence.

"Madame sait-elle que le *fils Poupard* part par le train de quatre heures... et que Cranger et Véron partent aussi ? » demanda ma fidèle Catherine.

"Non."

— Oui, Madame... et Honorine est au lavoir en train de pleurer comme si son cœur allait se briser.

Je tournai les talons et me dirigeai vers la rivière. Dans la buanderie, je trouvai Honorine penchée sur son linge, les grosses larmes coulant sur son visage, malgré tous ses efforts pour les contenir.

"Pourquoi, Honorine , qu'est-ce qu'il y a ?"

"Il est parti, Madame... parti sans que je le voie... sans même une paire de chaussettes propres !"

"OMS?"

"Mon fils, Madame !"

Et les larmes éclatèrent de nouveau, mais en silence.

"Oui, Madame, j'ai trouvé ça sous la porte en entrant à midi.—" Elle sortit un papier froissé de la poche de son tablier. Je l'ai lissé et j'ai lu :

" *Je viens de recevoir ma feuille . Je pars de suite. Je prends les deux francs sur la cheminée . Jean.* " (Je viens de recevoir mon avis. Je pars tout de suite. J'ai pris les deux francs qui sont sur la cheminée. Jean.)

Je ne saurais dire quelle impression me fit cette note brève mais héroïque. Dans mon esprit, cela a toujours été une caractéristique de cette merveilleuse résolution nationale de faire son devoir et d'en faire le moins d'histoires possible.

À l'heure du thé, le contingent masculin de la fête à la maison était décidément agité.

"Montons à Paris et voyons ce qui se passe."

"Ça ne sert à rien. Elizabeth Gauthier est partie ce matin et elle sera de retour dans une heure avec toutes les nouvelles. De toute façon, c'est trop tard pour aller en ville!"

"Eh bien, si les choses ne s'améliorent pas demain, je dois y aller. Mon livre militaire est quelque part dans mon bureau à la maison et il vaut mieux l'avoir en main . *régler* en cas de nécessité", a déclaré Delorme.

"Le mien est à la maison aussi", répétait notre ami Boutiteron .

"Nous irons tous demain et y passerons une journée", décida H.

À ce moment-là, la silhouette des trois policiers à bicyclette est passée sur la route.

"Sortons et demandons-leur ce qui se passe", a suggéré quelqu'un.

" Winnie ! Tu crois qu'ils en savent plus que nous ? Et s'ils savent quelque chose, ils ne *te le diront pas* ! Ne te ridiculise pas, Hugues ! "

Bientôt Elizabeth Gauthier arriva, placide et froide, comme si tout était normal. "Paris est calme ; calme comme Paris l'est toujours en août."

"Mais les journaux ? Votre mari ? Que dit-il ?"

"Il n'y a pas de figurants. Léon ne semble pas trop alarmé, même si, en tant que capitaine de réserve, il devrait partir dans l'heure qui suit toute déclaration d'hostilités. Il a une mission particulière à accomplir. Mais il est certain de venir par là. le train de cinq heures demain.

Nous sommes allés dîner mais la conversation a traîné. Chacun semblait préoccupé et personne ne se souciait des longs silences. Nous étions si silencieux que l'Angélus qui sonnait à Charly , à environ six kilomètres de là, nous réveilla avec une sorte de choc.

Samedi matin, 1er août, le fourre-tout est arrivé à la gare pour le train matinal. Tous se précipitèrent vers les journaux qui venaient d'arriver et nous fûmes tous également horrifiés lorsqu'un coup d'œil révéla le titre : Jaurès, le grand leader socialiste, assassiné. Décidément, l'intrigue s'est épaissie et, naturellement, nous sommes tous arrivés à la même conclusion : un crime politique.

"Il y a une main plus forte que le meurtrier de ce crime", murmura un homme simple du coin de notre compartiment.

"Qu'est-ce qui te fait dire ça?"

" Eh bien, ne voyez-vous pas, Monsieur, que nos ennemis comptent sur cet acte pour attiser le parti révolutionnaire et semer la discorde dans le pays ! C'est clair comme le jour ! "

C'était un peu ouvrir la porte à une longue discussion, mais nos amis refusèrent de débattre, d'autant plus que nous entendions des voix masculines excitées s'élever au-dessus du ton ordinaire dans les compartiments de chaque côté de nous.

Le voyage se termina sans autre incident notable. Il me semblait que nous avions dépassé plus de trains que d'habitude, mais que nous n'étions pas en retard d'un instant. Il n'y avait rien à redire. A l'approche de La Villette et à l'entrée de la gare de l'Est, tout le monde remarqua le nombre extraordinaire de locomotives qui montaient en puissance dans les gares. Il y en avait des rangées et des rangées, aussi rapprochées qu'il était possible de les aligner, et à perte de vue, leurs chaudières étincelantes s'étendaient le long des voies en lignes égales. Chacun portait une étiquette jaune fraîchement collée, sur laquelle était imprimé en grosses majuscules noires le nom de sa station d'attache. C'était la préparation la plus importante à laquelle nous ayons assisté jusqu'à présent. Bientôt nous constatâmes que les quais des dépôts de fret et des dépôts express avaient été balayés de tout obstacle et que la gare de l'Est, habituellement encombrée , était propre et vide comme la main de l'homme pouvait la rendre.

Dans la cour, notre groupe se sépara, promettant de se retrouver pour le express de cinq heures : « À moins que quelque chose de grave ne nous en empêche ».

J'ai accompagné H. à la *Caserne des Minimes* où il est allé voir si sa situation militaire était inscrite à jour sur son *livret* , et tout au long des rues menant à la gare nous avons rencontré des femmes qui s'essuyaient silencieusement les yeux.

Quel spectacle offrait la cour de cette caserne ! Quelque cinq ou six mille hommes de tous âges, classes et conditions, qui jusqu'alors n'avaient jamais pensé que la perte d'un livre militaire entraînait la moindre conséquence, avaient tous été poussés par cette seule pensée : « Soyez prêts pour le devoir. " Ils étaient là, garçons de vingt ans et hommes de quarante ans, faisant la queue, bravant leur ennemi de tous les temps, le *gendarme* , chacun attendant silencieusement son tour pour expliquer sa situation. Il faut reconnaître , à l'honneur du *gendarme* et de tous ceux qui détenaient l'autorité, que contrairement à leur habitude, ils se sont comportés en pères aimants avec ces fils prodigues de la République - renseignement possible sans signe de grogne, et conseillant ceux qui étaient encore affluèrent par la porte pour revenir vers cinq heures, alors que la file aurait dû avancer un peu. Il était alors à peine dix heures du matin !

H. avait fini en un rien de temps.

"Tout ce que j'ai à faire, c'est rentrer chez moi et attendre qu'on m'appelle", expliqua-t-il alors que nous nous éloignions d'un pas vif.

Comme la plupart des ruraux lorsqu'ils viennent en ville, j'avais de nombreuses courses à faire, nous nous dirigeons donc vers le *Bazar de l'Hôtel de Ville* , réputé pour ses outils agricoles.

Au coin de la rue des Archives, nous rencontrâmes Monsieur Gauthier qui se rendait à son Musée.

« *Grave... tre's grave... la situation, monsieur* », fut tout ce qu'il put dire.

« Que nous conseilleriez-vous de faire ?

" Eh bien, pour parler franchement, je vous conseillerais de fermer le château, de laisser un gardien et d'ouvrir votre appartement parisien. Vous êtes dans l'Est, vous savez ! Je descendrai par le train cinq et ramènerai Elisabeth et les enfants. Je serais plus tranquille si je savais qu'ils étaient dans une grande ville ! Si vous devez partir, Madame Huard serait mieux ici.

H. était très sobre lorsque nous quittions M. Gauthier.

"Bah ! Rassurez-vous ! J'ai bien peur que notre ami soit alarmiste. Vous savez qu'il a deux jeunes enfants !"

Nous sommes entrés dans le Bazar, qui est le « plus grand » des grands magasins de Paris. Chaque jour de la semaine, y compris le dimanche, il y a d'habitude une telle foule d'acheteurs et de vendeurs qu'il faut se frayer un chemin et se servir littéralement. À notre grand étonnement, il était vide, littéralement vide. Pas un seul client, pas un seul employé en vue. Les longues étendues de sol et les comptoirs étaient vides comme si le magasin était fermé. J'ai haleté un peu de surprise et juste au moment où je le faisais, une voix féminine derrière un bureau éloigné m'a appelé :

"Quel est votre plaisir, Madame ?"

Je me suis retourné et une petite femme en noir s'est avancée vers moi.

"Oui, je sais, l'endroit a l'air bizarre, mais voyez-vous, tous nos commis sont des jeunes hommes et chacun d'eux a été obligé de rejoindre son régiment depuis la fermeture d'hier soir !"

"Laissez tranquille l'agriculture et venez chez Conard . Il aura sûrement des nouvelles", dit H. avec impatience.

Conard's est une grande maison d'édition du boulevard, réputée comme lieu de rencontre de la plupart des hommes politiques de renom.

Conard nous accueillit en silence. Il n'en savait pas plus que nous, et nous nous sommes mis à parler des derniers événements et à essayer d'arriver à une conclusion. C'est alors qu'un des *habitués* est intervenu.

" *Eh bien , Monsieur* , quelles nouvelles ? "

L'interlocuteur ne cessait de parcourir les titres des livres étalés sur le comptoir, et tirant une longue bouffée de sa cigarette et sans lever les yeux, dit : « La mobilisation est pour quatre heures ! Officiel. Avez-vous quelque chose d'amusant à lire ? en route vers le front ? »

" *Quoi?* "

"Oui, messieurs."

"Guerre?'"

"Ça y ressemble beaucoup !"

Bien que presque attendue, la nouvelle nous a fait vibrer. Nous sommes restés fascinés et bouche bée.

Ce qu'il faut faire? Il y avait tellement de décisions à prendre à tout moment ! H. était pour notre venue à Paris, car tous les hommes devaient nécessairement quitter le château.

"La mobilisation ne veut pas forcément dire la guerre, mec. D'ailleurs, si elle arrive, elle ne peut pas durer longtemps. Tu ferais mieux de retourner chez toi à la campagne, Huard. Un grand domaine comme celui-là a besoin d'être entretenu", a déclaré Conard. .

"Où habites-tu?" interrogea le monsieur qui nous avait annoncé la nouvelle.

"Villiers, à soixante milles *à l'est* de Paris."

"Eh bien, si vous décidez d'y aller, je vous conseille de prendre le train le plus tôt. Le chemin de fer de l'Est appartient à l'armée, et à l'armée seulement, à partir d'aujourd'hui à midi."

H. regarda sa montre. Il était presque onze heures et notre prochain train partait à midi pile. Nous avons sauté dans un taxi.

" Roulez jusqu'à la gare de l'Est et en chemin arrêtez-vous à Tarides ! Il nous faut des cartes, de bonnes cartes routières de tout le nord et de l'est ", dit H. en se tournant vers moi.

Il semblait qu'il avait eu cette pensée en commun avec toute la population parisienne, car sur tous les boulevards les librairies et les papeteries regorgeaient déjà d'hommes, principalement en régimentaires, et quant aux cordonniers et aux bottiers, il y avait une file d'attente à l'extérieur de chacun. Pourtant, il n'y a eu aucune excitation, aucun cri, pas même un « extra ».

Quel spectacle différent notre station présentait à celui de deux heures auparavant ! Les grandes portes de fer étaient fermées et gardées par une ligne de *sergents de ville* . Seuls les hommes rejoignant leurs régiments et les personnes retournant à leurs habitations légitimes étaient autorisés à passer. Et il y en avait des milliers des deux. Autour des grilles planaient des groupes denses de femmes, saluant courageusement leurs adieux sans larmes à leurs hommes.

Après s'être assuré qu'il y avait encore un train de midi, H. me conduisit au restaurant situé juste en face de la gare.

"Nous allons manger un morceau ici. Dieu sait à quelle heure nous rentrerons à la maison !"

La salle était pleine à craquer ; les déjeuners étaient pour la plupart des officiers. A la table de notre droite était assis un jeune homme dont les harnais militaires étaient très neufs et très raides, mais malgré la chaleur, un col haut et tous ses atours, il réussit à mettre de côté un repas très confortable.

A notre gauche se trouvait un groupe composé d'un capitaine, de sa femme et de deux autres *frères. d'armes* . Cette courageuse petite Parisienne a tout de suite gagné mon admiration, car même si, malgré des efforts surhumains, les larmes coulaient sur son visage, elle ne cédait pas une seconde à son émotion mais jouait son rôle d'hôtesse, s'efforçant de la mettre à l'aise. des invités à l'aise et s'enquérant en souriant de leurs familles et amis comme si elle les recevait dans des circonstances ordinaires dans sa propre maison.

A midi avant quart, nous les quittons et nous frayons un chemin à travers la foule toujours rassemblée vers notre train.

"L'express de midi, quel quai ?" » demanda H..

« Le train de dix heures n'est pas encore parti, Monsieur !

"Y a-t-il un danger que ça *ne* marche pas ?"

"Oh non, mais il y a tout lieu de craindre que ce soit le dernier."

Et cet homme dit vrai, car, comme notre ami l'homme politique l'avait prédit, à midi, l'autorité militaire s'empara de la gare et tous ceux qui eurent le malheur d'être restés sur place furent obligés d'attendre à Paris trois semaines mortelles. Sur le chemin de fer de l'Est, tout le service voyageurs fut immédiatement sacrifié au transport des troupes.

Il me semble que c'est le train le plus long que j'aie jamais vu. Les voitures s'étendaient au-delà de la gare, dans un soleil torride. Chaque voiture était remplie au-delà de sa capacité normale. Il ne pouvait être question de savoir dans quelle classe on voyagerait : il fallait voyager où l'on pouvait ! Pourtant, cela ne semblait déranger personne. J'ai réussi à trouver une place dans ce compartiment déjà occupé par deux jeunes étudiants de Saint-Cyr en grand uniforme et gants blancs, un couple d'âges très corpulents et une demi-douzaine d'hommes des classes populaires.

« Nous nous assoirons à tour de rôle, Monsieur », dit l'un d'eux tandis que H. s'avançait dans le couloir.

Au bout de cinq minutes, la conversation était devenue générale. Même s'il n'y avait pas encore de déclaration officielle, toutes les personnes présentes étaient convaincues que la nouvelle serait bientôt rendue publique, et même si la foule n'était certainement pas joyeuse, elle n'était certainement pas triste. La plupart des hommes avaient reçu leurs commandes dans la matinée et avaient dit au revoir à leurs proches restés chez eux. En conséquence, il n'y a pas eu de scènes d'adieu déchirantes, pas de départs en larmes de la part de la famille et des amis, pas de manifestations inutiles.

Par la porte de notre compartiment étouffant, laissé ouvert jusqu'au dernier moment à l'air, nous apercevions silencieusement le train sur le quai opposé, se remplissant rapidement d'hommes, chacun portant une nouvelle paire de chaussures soit en bandoulière, soit soigneusement rangées. ficelé dans une boîte ou un colis papier. Puis, sans aucun avertissement, sans aucune vocifération hilarante de la part de ses occupants, il quitta tranquillement la gare, pour être aussitôt remplacé par un autre train de voitures.

Cinq fois nous avons vu la même opération recommencer avant que le train de dix heures ne décide de quitter Paris. Puis, alors que le garde longeait le quai en claquant les portes, un visage d'enfant apparut dans l'ouverture de notre compartiment.

"Bonjour, Louis", dit-il en s'adressant à l'un des ouvriers. "Bonjour Louis, tu es là aussi ?"

" *Eh bien , cette fois je crois quon y va ! Hein ?* "

Notre porte s'est fermée et le conducteur du train a sifflé.

" *Bon voyage !* " cria le garçon par la fenêtre.

"C'est pareil pour vous", répondit l'autre. C'était tout.

Ce n'était pas un voyage très mouvementé. C'était simplement chaud et long. Nous nous arrêtions à chaque petite gare soit pour descendre, soit pour prendre des passagers. Nous avons été détournés et oubliés pendant ce qui semblait des heures à la fois, pour permettre aux trains express rapides remplis d'hommes et à destination de la frontière orientale de passer et de repartir.

A Changis -St. Jean. J'ai passé la tête par la fenêtre et j'ai été témoin d'un spectacle des plus touchants. Un jeune homme vêtu d'un uniforme de capitaine bien ajusté, accompagné de sa femme et de ses deux jolis bébés, s'apprêtait à prendre congé. Il était évidemment connu et estimé dans son petit village, car le curé, le maire, le conseil municipal et de nombreux amis étaient venus l'accompagner. Le couple résista courageusement jusqu'au coup de sifflet, puis, s'étreignant dans une étreinte presque brutale, ils se séparèrent, lui pour sauter dans le train en marche au milieu des cris des sympathisants, et elle, les épaules tremblantes d'émotion, pour revenir. dans sa maison vide.

Quatre mois plus tard, presque un jour, j'ai de nouveau passé la tête par la fenêtre de la voiture alors que nous nous arrêtions à Changis . Imaginez ma surprise en voyant presque le même groupe ! Je reconnus le maire, le curé et les autres, et un petit frisson me parcourut le dos en apercevant la femme du joli capitaine, les yeux rouges et gonflés sous le long voile de veuve qui lui couvrait le visage. Cette même petite assemblée pleine d'espoir du 1er Août s'était de nouveau rassemblée sur le quai de la gare pour prendre possession et conduire jusqu'à sa dernière demeure la dépouille mortelle de leur héroïque défunt.

Naturellement, comme on ne nous attendait pas avant six heures au château, il n'y avait pas de voiture pour nous accueillir.

"Nous prendrons le taxi de l'hôtel jusqu'à Charly , et de là nous téléphonerons à la maison", dit H. en descendant du train.

Mais il n'y avait ni piège d'hôtel ni véhicule d'aucune sorte à la gare. Il est vrai que notre train avait près de deux heures de retard ! L'idée de marcher quelques six kilomètres sous un soleil de plomb était tout sauf amusante, mais il semblait n'y avoir rien d'autre à faire. Ainsi, après un quart d'heure inutilement passé à essayer de trouver une voiture dans notre gare solitaire, nous partîmes à pied. Nous avions à peine parcouru deux cents mètres que nous apercevons un taxi PARISIEN ! H. l'a salué !

"Qu'est ce que tu fais en bas *?*"

" J'ai fait descendre un monsieur qui était pressé. Vous voyez, il n'y a plus de trains en provenance de Paris sur cette ligne depuis midi ! Et il n'y en aura probablement pas d'ici quelques temps encore. "

"Voulez-vous nous emmener jusqu'à Charly ?"

" Si c'est en route pour Paris, oui ! J'ai hâte de rentrer. Je dois rejoindre mon régiment à la Gaxe du Nord avant minuit, mais j'aimerais appeler un autre travail comme celui-ci avant ça. Ça vaut le coup à 150 par voyage!"

"Il faut traverser Charly , il n'y a pas d'autre chemin pour aller à Paris."

Nous avons donc fait notre prix et avons été emmenés dans notre petit bourg.

Les habitants étaient sur le pas de leur porte ou discutaient par petits groupes, et nous avons fait sensation dans notre véhicule parisien. H. se rendit aussitôt à la gendarmerie pour voir s'il y avait des nouvelles officielles par fil depuis que nous avions quitté la ville.

"C'est vous qui devez nous apporter des nouvelles, Monsieur", dit le *brigadier* . « Que dit-on à Paris ?

"La mobilisation sera affichée à seize heures."

Un rire chaleureux, des plus rafraîchissants dans la tension du moment, éclata de la part des trois gendarmes.

"Eh bien, il est quatre heures cinq minutes maintenant. Et si ce que vous dites est ainsi, je pense que nous en saurons quelque chose à ce moment-là ! Ne vous inquiétez pas. Ce n'est pas si grave que vous le pensez…"

H. nous a serré la main et nous sommes partis. À l'hôtel, nous avons téléphoné au château et avons immédiatement demandé la Victoria . Comme le cheval devait être attelé et qu'il y a trois kilomètres de route jusqu'à Charley, nous nous sommes arrêtés un instant et avons parlé à la propriétaire de l'hôtel.

"Comment se fait-il que votre moteur ne soit pas à la gare ?" dit H.

"Oh," répondit-elle, "nos agents l'ont loué de bonne heure ce matin et mon mari a dû les conduire en toute hâte à Soissons. Il n'est pas encore revenu !"

Avant d'aller plus loin dans mon récit, je dirai ici, pour ne pas l'oublier, que deux des prétendus officiers furent arrêtés dans la quinzaine et fusillés à Meaux comme espions allemands ; le troisième parvint à s'enfuir.

En entendant la voiture descendre la colline, nous nous dirigeâmes vers la porte. Au même instant, nous vîmes l' homme en pantalon blanc *gendarme* se précipitant vers la mairie. Reprenant la puissance de H., il brandit l'enveloppe cachetée qu'il tenait dans son bandeau et cria : « Vous aviez raison, Monsieur. Elle est arrivée !

Nous avons sauté dans la Victoria , mais alors que nous traversions la place, le *garde-champêtre* a attrapé la bride et a arrêté notre participation.

"Un instant, Monsieur."

Puis le crieur public apparut, réunissant instantanément les groupes chancelants en un seul. Il n'avait pas besoin de sonner. Il leva simplement la main et obtint un silence instantané, puis lut lentement sur un ton profond, solennel et mesuré, que je n'oublierai jamais jusqu'à mon dernier jour.

" *Extrême urgence . Ordre de mobilisation générale . Le premier jour de la mobilisation est le dimanche deux aout !* "

C'était tout! C'était assez! La tension de ces deux derniers jours était brisée. Quelle que soit la nouvelle, c'était un soulagement. Et nous sommes partis au milieu du bourdonnement croissant de centaines de langues, libérés après le suspense angoissant.

La nouvelle n'était pas encore parvenue à Villiers lorsque nous traversâmes la rue du village. Nous pénétrons dans le château et trouvons Elizabeth Gauthier, ses enfants et presque tous les domestiques, regroupés près du bal d'entrée. Ils nous regardaient avec un regard attirant.

Au moment où H. ouvrait la bouche pour répondre, le tintement aigu du *tocsin* , tel qu'on ne sonne qu'en cas de grande urgence, suivi du roulement du tambour, leur apprirent mieux que nous que le pire était arrivé.

Les domestiques se retirèrent en silence et la cloche sonnait toujours. Bientôt on entendit le cliquetis des sabots sur la route des bardes alors que les paysans se précipitaient des champs vers la *mairie* .

Je nous vois tous maintenant, debout là, sous le soleil éclatant de l'après-midi – Elizabeth murmurant entre ses sanglots : « Ô Dieu, ne prends pas mon mari ! le petit Jules accroché à ses jupes, étonné de son désarroi, et le bébé Colette, heureux, léger et frisé, chassant les papillons sur la pelouse devant nous !

II

Premier août.

Le *tocsin* cessa, mais le tambour continua de rouler.

En un instant, nous fûmes remis du premier choc, et tous sortirent sur la grande route pour entendre la déclaration. Pour H. et moi, c'était déjà du passé, mais nous voulions voir comment les paysans allaient le prendre.

A Villiers comme à Charly , c'était la *garde Champêtre* qui était chargé de cette mission solennelle, et le vieillard faisait une figure des plus pathétiques, debout, ses baguettes à la main, ses lunettes repoussées, et la sueur coulant sur ses joues bronzées et flétries.

"Qu'avez vous à dire?" » demanda une femme, trop impatiente pour attendre que tout le monde soit réuni.

« *Bien de bon...* » fut la réponse philosophique, et notre ami se racla la gorge et fit son annonce.

Elle fut reçue dans un silence de mort. Pas un murmure, pas un commentaire ne s'élevait de la foule tandis que les groupes se dispersaient et que chacun rentrait chez lui.

Nous emboîtâmes le pas et j'accompagnai H. vers la salle des domestiques.

"Donnez-moi les clés de la cave à vin", dit-il. "Et, Nini ", continua-t-il en s'adressant à ma plus jeune servante, âgée de dix ans, " Nini , pose un torchon et sors les coupes de champagne. Les garçons ne partiront pas sans un dernier toast joyeux."

Il y en avait quatre; quatre d'entre eux dont les livres militaires leur ordonnaient de rejoindre la gare la plus proche, avec des rations pour deux jours, le plus tôt possible après la déclaration de mobilisation. H. a à peine eu le temps de monter le champagne que nous avons pu supporter les hommes qui descendaient les escaliers en fracas depuis leurs chambres. Leurs bagages furent rapidement faits – des sous-vêtements de rechange et une deuxième paire de chaussures composaient leur trousseau – et Julie arriva en toute hâte avec du pain, des saucisses et du chocolat ! "Mettez ça dans vos sacs", dit-elle. Même si personne ne le leur avait dit, tous ceux qui restaient semblaient avoir deviné quoi faire, car de la même manière, George, l'un des plus jeunes jardiniers, avait attelé les chevaux à la charrette de la ferme et s'était rendu à l'entrée de la cuisine.

Un instant plus tard, Catherine m'appela à l'écart et me demanda en larmes la permission d'accompagner son mari et son frère jusqu'à Paris. Les circonstances étaient trop graves pour refuser une telle demande et j'acquiesçai.

"Allez, les garçons", cria H. "Sonnez la cloche de la ferme, Nini , et appelez les autres."

Le visage rayonnant d'excitation, ils se rassemblèrent autour de la longue table. H. remplit ses verres puis leva son...

« Voici la France, et à votre retour sain et sauf ! » a-t-il dit.

"En France, et notre retour sain et sauf !" ils ont fait écho.

Nous avons tous touché des verres et le liquide mousseux ambré a disparu comme par magie. S'ensuivit ensuite une chaleureuse poignée de main et ils s'entassèrent tous dans le petit chariot. George fit claquer le fouet et en un instant, ils tournèrent le coin et disparurent.

Parti – disparu pour toujours – car au cours des longs mois qui ont suivi, combien de fois je me suis souvenu de ce joyeux toast, et maintenant, un an plus tard, au moment où j'écris ces lignes, je sais avec certitude qu'aucun d'entre eux ne fera jamais ce « retour sain et sauf ». "

Elizabeth Gauthier a merveilleusement résisté à la tension. Elle fut la première à admettre qu'après tout, dire au revoir à son mari aurait été trop éprouvant. H. et moi décidâmes alors qu'il valait mieux qu'elle amène ses enfants et sa servante et vienne au château où nous partagerions notre sort commun. Il n'y avait pas de temps pour se lamenter, car la disparition soudaine du cuisinier, du majordome et des trois ouvriers agricoles les plus importants laissait une très grande brèche qui devait être comblée immédiatement. Il n'y avait rien d'autre à faire que de « doubler » et les filles et les femmes proposèrent volontiers de faire de leur mieux.

Julie, la seule personne de plus de trente ans, s'est proposée pour reprendre la cuisine. À George et Léon tombèrent les jardins, les écuries, les chevaux, les chiens, les cochons et le bétail. Yvonne, dix-sept ans, s'est proposée pour traire les vaches, faire du beurre et du fromage, s'occuper des poules et de mon élevage de canards, tandis que Berthe et Nini , quatorze et dix ans, se sont retrouvées à s'occuper du château ! Pas un équipement très brillant pour diriger un établissement aussi grand que le nôtre, mais tous si volontaires et si pleins de bonne humeur que les choses étaient moins négligées qu'on pourrait l'imaginer.

L'excitation de la journée avait été telle qu'après un repas très précipité, nous nous retirâmes épuisés de bonne heure. La nuit était calme, si calme qu'à quatre milles de la gare nous pouvions entendre le rugissement des trains qui passaient le long du fleuve.

"Écoutez!" » dit H. « Comme ils courent près les uns des autres !

Nous les avons chronométrés. A peine une minute entre chacun. Puis, nos oreilles s'étant habituées, nous pûmes bientôt distinguer les voyageurs des trains de marchandises, ainsi que ceux vides qui rentraient à Paris.

"Écoutez ! Ces deux derniers étaient pour les troupes ! Celui-là est pour les munitions. Oh ! quel lourd ! Ce doit être pour l'artillerie !" Et nous nous sommes endormis avant que le bruit ne cesse. En effet, pendant trois longues semaines, cela n'a pas eu de fin, alors que nuit et jour le chemin de fer de l'Est acheminait son fret humain vers la frontière orientale.

Le dimanche matin, 2 août, nous nous trouvâmes tous à nos postes alors que le soleil se levait. Elizabeth et moi sommes allés à Charly pour la messe de huit heures et, tout au long de la route, nous avons rencontré des hommes et des garçons qui se dirigeaient vers la gare. L'église était pleine, mais il n'y avait que des femmes et des hommes âgés dans l'assemblée ; eh bien, nous ne le savions que trop bien, et beaucoup d'épouses et de mères étaient venues là pour cacher leur chagrin. Notre vicaire était un homme très âgé et la nouvelle l'avait tellement choqué qu'il était incapable de dire un mot une fois arrivé en chaire et resta là, bouche bée, les larmes coulant sur son visage pendant près de cinq minutes - enfin se retirer sans émettre un son. Ce n'était pas exactement la chose la plus heureuse qui aurait pu arriver, car son attitude encourageait les autres à céder à leurs émotions, et il y eut un silence des plus impressionnants suivi de nombreux reniflements et mouchages ! Mais tout semblait aller mieux après la douche, et la congrégation se dispersa avec un certain soulagement.

Avant de quitter la maison, H... me dit d'aller chez l'épicier et de faire un stock de tout ce qu'elle vendait.

« Vous voyez, dit-il, nous sommes désormais coupés de toutes ressources. Il n'y a pas de grandes villes où nous puissions nous approvisionner à portée de main, et nos épiciers n'auront plus rien à vendre une fois leurs stocks épuisés. "Vous vivez dans l'espoir que la mobilisation durera trois semaines. Que ferez-vous si elle dure plus longtemps ? Ça ne fait jamais de mal d'avoir du matériel sous la main !"

"Tout mon sel, mon sucre et mon essence ont été mis de côté pour l'armée. J'ai reçu l'ordre de le faire ce matin, mais passez par la porte de derrière et je verrai ce que je peux faire pour vous", a déclaré mon aimable épicier. femme.

"C'est agréable", pensai-je. "Pas d'essence, pas de moteur, pas d'électricité ! La privation commence tôt. Mais pourquoi se plaindre ! Nous coucherons avec les poules et nous ne le manquerons pas !"

Madame Léger et moi dressâmes une longue liste de produits d'épicerie et de produits de première nécessité, et elle se mit au travail de pesée et d'emballage, et commença finalement à empiler les paquets dans la trappe placée près de sa porte latérale.

Notre cher vieux César a dû être surpris par le fardeau qu'il devait ramener chez lui, mais Elizabeth et moi avons décidé qu'un « oiseau dans la main vaut deux dans le buisson », et on ne saurait jamais dire quel étonnant « ordre » demain pourrait donner naissance.

Comme H. a ri en nous voyant remonter l'avenue.

"Je ne pensais pas que tu me prendrais si littéralement", dit-il. "Eh bien, la guerre n'est même pas déclarée, et nous voilà en train de préparer un siège !"

"C'est pas grave," répondis-je, "tu dois te rappeler qu'il y a douze personnes à nourrir, et nous allons bientôt nous en sortir avec tout ce que j'ai ici."

L'après-midi fut consacré à l'aménagement de nos appartements. Pour des raisons de commodité, nous avons décidé de fermer une partie du château et de vivre tous le plus près possible dans une seule aile. Les enfants et les jeunes domestiques semblaient considérer tout cela comme une énorme plaisanterie – ou plutôt comme un pique-nique prolongé, et la maison résonnait d'éclats de rire joyeux.

Lundi 3, Elizabeth et moi nous attaquâmes aux provisions qui étaient entassées en haut de la table dans la salle des domestiques. Une visite au cellier et un petit calcul ont montré qu'il y avait déjà suffisamment de provisions sous la main pour tenir le mois.

"Très bien", dis-je. "Maintenant, nous diviserons le reste en trois parties égales, ce qui fait septembre, octobre et novembre assurés. À ce moment-là, nous saurons quelles précautions prendre !"

"Eh bien, je devrais l'espérer !" fut la réponse souriante. Et nous nous sommes mis au travail. Tout cela me rappelait l'époque de mon enfance où je jouais au ménage et mesurais sur la balance de ma maison de poupée tant de riz, tant de farine, tant de macaronis, etc. J'avais du mal à croire que j'étais sérieux.

Nous étions en plein milieu de notre tâche lorsque nos jardiniers apparurent portant entre eux un panier à linge rempli de prunes.

"Madame, ils ne peuvent pas attendre un jour de plus. Ils sont prêts à cuisiner maintenant."

Ce fut une surprise presque désagréable, car nous étions déjà très occupés. Mais il n'y avait aucun moyen d'attendre, sinon les fruits seraient gâtés.

"C'est toutes les prunes ?"

" Ah non, madame, il y a encore bien deux paniers. Et dans un jour ou deux il faudra cueillir les mûres et les cassis, sinon ils pourriront sur les vignes. "

"Le ciel nous préserve !" pensai-je. "En arriverons-nous un jour à la fin de tout cela !" Mais à quatre heures, le premier panier de prunes était dénoyauté, le sucre pesé et une immense bassine de *confiture en cuivre* bouillait joyeusement sur la cuisinière.

"Où vas-tu cacher tes provisions maintenant que tu les as si joliment attachées ?" demanda H., les yeux pétillants.

"Les cacher ?"

"Oui!"

"Pourquoi?"

"En cas d'invasion."

Nous avons tous simplement tremblé de rire.

"Eh bien, si les Allemands arrivent un jour ici, il n'y aura plus beaucoup d'espoir pour nous tous", répondis-je.

" Non, mais plaisanterie à part ; supposons que nous ayons tout d'un coup cantonné les troupes françaises sur nous, allez-vous tranquillement produire votre stock, le laisser dévorer dans un jour ou deux, et rester les mains vides lors de leur départ ? Vous voyez, c'est ce ne sont pas les petits gars qui vont souffrir. Un grand endroit comme celui-ci, avec toutes ses pièces et ses écuries, c'est juste l'endroit idéal pour un camp !

Cette idée ne nous était jamais venue et nous avons réfléchi à trois endroits différents où nous pourrions cacher nos courses en toute sécurité. Finalement, il fut convenu qu'une partie des piles de draps de la lingerie serait remise en place ; la deuxième partie cachée sur l'étagère supérieure d'un placard très haut de mon dressing avec des articles de toilette regroupés devant ; tandis que le troisième était transporté par un petit escalier jusqu'au grenier et poussé là à travers une petite ouverture dans l'espace sombre qui mène aux poutres et aux chevrons. Tout cela était tellement infantile que nous battions des mains et étions heureux comme des rois quand nous avions découvert une si belle cachette .

La nuit tombait alors que je versais le reste de la confiture de prunes dans les verres alignés le long de la table de la cuisine. Berthe en avait dénombré près d'une centaine, et je songeais sérieusement à faire de la confiture un métier, lorsque, avec beaucoup de bruit et de trompettes, une auto fermée remonta l'avenue en trombe et s'arrêta devant l'entrée. Je me précipitai vers la porte de la cuisine, détachant mon tablier tout en courant, arrivant au moment où un officier sautait du moteur, et avant que j'aie eu le temps de le reconnaître dans son nouvel uniforme, le capitaine Gauthier s'élança en s'écriant :

"Je viens chercher Elizabeth et les enfants !"

Les autres aussi avaient entendu le moteur, et en un instant il y eut tout un attroupement dans la cour.

"J'ai eu beaucoup de mal à quitter Paris. Mon passeport n'est valable que jusqu'à minuit", expliquait le capitaine alors que sa femme et H. apparaissaient, presque sans avoir le temps de les saluer. — Dépêchez-vous, continua-t-il en se tournant vers Mme Gauthier. "Nous devons partir dans un quart d'heure, sinon notre machine n'arrivera jamais à temps en ville."

Je me suis précipité avec Elizabeth jusqu'à son appartement, où nous avons réveillé et habillé deux enfants très étonnés, tandis que la petite bonne jetait littéralement le nécessaire de toilette et quelques vêtements dans un énorme sac Gladstone.

"Léon ne pense évidemment pas que nous sommes en sécurité ici ! Tu ferais mieux de venir aussi", murmura Elizabeth alors que nous descendions.

Entre-temps, H. avait interrogé notre ami sur ce qui s'était passé à Paris depuis vingt-quatre heures.

« L'Angleterre nous rejoindra probablement — et il y a toutes les chances que l'Italie reste neutre », annonça-t-il alors que nous faisions notre apparition. Et puis : « Il faut que vous veniez à Paris. Ici, vous êtes trop près du front », continuait-il en entassant femme, bébés et servante dans le taxi.

Et ainsi, à peine le temps de dire adieu, le moteur s'éloigna comme il était venu, nous laissant H. et moi regarder au-delà dans la nuit.

Quand je revins au garde-manger, je trouvai Nini en train de pleurer abondamment. L'imaginant effrayée par le départ soudain de nos amis, j'étais en train de reprendre mes esprits pour la consoler et la rassurer, lorsqu'elle s'écria : « Oh ! Madame… Madame… les *pâtés* … »

"Bien?"

"Les beaux *pâtés !* — tous réduits en cendres ! Quel gâchis !"

Dans notre enthousiasme, nous avions oublié de sortir du four deux beaux *pâtés de Lièvre* dont j'étais plus que dûment fier. Et comme Nini l'a dit, ils ont été réduits en cendres. Comment H. a ri de notre premier incident domestique.

« Vous êtes de bons cuisiniers », dit-il en se tournant vers Berthe et Nini , qui baissaient la tête et rougissaient. "Et c'est à vous que je vais confier Madame en partant !"

Mardi 4, le tambour roula de bonne heure et le *garde-champêtre* annonça la déclaration de guerre. Ce n'était une nouveauté pour personne, car tous considéraient la mobilisation comme une réalité.

Nous étions en train de prendre notre petit-déjeuner lorsque nous avons entendu un grondement étrange sur la route. C'était un bruit si drôle, à mi-chemin entre celui d'un rouleau compresseur et celui d'une batteuse, que nous sortîmes tous les deux vers le lodge pour voir ce qui se passait. Nous ne fûmes pas peu surpris d'apercevoir nos gendarmes assis dans une automobile vétuste, dont les souffles et les respirations sifflantes témoignaient de son âge. Ils s'arrêtèrent en nous voyant et, après avoir échangé quelques salutations, se moquèrent en riant de leur véhicule, bien moins imposant que leurs chevaux bien soignés, mais le seul qui pouvait parcourir entre soixante-dix et quatre-vingts milles par jour ! D'eux nous avons appris que la mobilisation se déroulait à la perfection et que lors de toutes leurs tournées dans les villages et hameaux éloignés, aucun délinquant n'avait été trouvé, aucun homme ne manquait ! Tous avaient volontiers répondu à l'appel aux armes !

Entre l'effervescence et tous les travaux à accomplir à Villiers, le temps passait avec une rapidité phénoménale. Jusqu'à présent, nous n'avions pas eu l'occasion de constater le manque de courrier et de journaux quotidiens, et même si j'avais toujours eu le sentiment subconscient que H. finirait par recevoir ses ordres de marche, ce fut plutôt un choc quand ils arrivèrent. Etant dans un département frontalier, il a été interpellé plus tôt que prévu. Et au lieu d'être envoyé faire un tour pour rejoindre son régiment au sud de Paris, il reçut l'ordre de gagner immédiatement *Château Thierry et d'y attendre les instructions.*

Bien sûr, j'ai fait et défait son sac pour la vingtième fois depuis dimanche, dans l'espoir de trouver un petit espace pour y glisser un article utile supplémentaire - puis en descendant, j'ai sauté dans le chariot et j'ai attendu qu'il me rejoigne. Malgré la solennité du moment, je ne pus m'empêcher de rire quand il apparut, car, dédaignant le costume immaculé que j'avais soigneusement confectionné, il avait enfilé un pantalon des plus misérables et un vieux Norfolk taché de peinture. veste. Une chemise de flanelle délavée et un bandana de soie noué autour de son cou complétaient cet étrange accoutrement, qui était surmonté d'une longue casquette à visière et d'un sac de jute en toile délabré, ce dernier mais à moitié plein et légèrement en bandoulière sur une épaule. Anticipant ma question, il m'expliqua qu'il était inutile de jeter un vêtement parfaitement neuf. Lorsqu'il recevra son uniforme, sa tenue civile devra être mise en lieu sûr pour son retour. C'était une coutume en temps de paix, mais qui pouvait le dire ? Il se pourrait même qu'il n'obtienne jamais d'uniforme, et encore moins qu'il espère revoir les vêtements.

Et puis, lorsque j'ai commencé à examiner le dérisoire contenu de son sac, il a moqué ma déception en disant que son père, qui avait servi dans la campagne de 1870, lui avait toujours dit qu'une pelote de ficelle solide et un couteau de poche suffisaient. bagages pour tout soldat. Je suppose qu'il devrait le savoir, et il allait juste poser une autre question, quand...

« Écoutez, » dit-il en posant le pied sur la marche. " Écoutez... avant que j'oublie. Mon testament est chez mon notaire à Paris, et sur votre table il y a une lettre à votre père. S'il m'arrive quelque chose, vous savez quoi faire. "

Nous sommes partis en silence.

J'ai laissé les chevaux marcher presque tout le chemin du retour et mes pensées étaient occupées, très occupées tout au long du chemin. Ici, j'étais seul : mon mari et mes amis avaient disparu comme par magie. Mes parents les plus proches se trouvaient à plus de cinq mille kilomètres de là – et la communication avec le monde extérieur était entièrement coupée, pour Dieu sait combien de temps. Evidemment, il n'y avait rien d'autre à faire que de faire face à la situation, d'autant plus que tous mes employés, sauf Julie, avaient moins de vingt ans et comptaient sur moi pour un soutien moral. Ce n'était pas le moment de s'effondrer. Si je m'effondrais, l'anarchie régnerait immédiatement.

Mais que faire? Continuer à vivre comme un ermite dans ce grand domaine ? L'idée m'a consterné. Cela me semblait une existence tellement inutile – et en quelques instants j'avais décidé de transformer l'endroit en hôpital. Mais comment et à qui le proposer ?

Je me suis arrêté à la *Gendarmerie* , où nos amis ont pu me renseigner.

" La formation sanitaire la plus proche était Soissons... la Croix-Rouge. Le président pourrait probablement m'aider... " J'ai donc remercié le *gendarme* et je suis parti, décidé à partir de là le lendemain.

Soissons n'est qu'à vingt milles à vol d'oiseau, mais presque le double par la route sinueuse, et je calculais à quelle heure je devrais partir et où je reposerais la travée, en entrant dans la cour.

"Quelque chose de nouveau, Georges ?" Dis-je alors qu'il prenait la bride.

— Rien, Madame, sinon que nous avons reçu l'ordre que tous les chevaux soient présentés à Château Thierry pour la révision demain avant dix heures.

"Tous les chevaux ?"

"Oui, Madame, avec l'attelage complet, les licols et les charrettes de ferme."

C'était une surprise ! Supposons qu'ils soient tous pris, pensai-je, je serai presque prisonnier. Et mon voyage à Soissons ?

"Ne dételez pas!" J'ai appelé alors que George se dirigeait vers l'écurie. "Je retourne chez Charly ."

Dans notre petite commune, j'ai réussi à acheter un vélo de dame. "Cela peut être utile", ai-je pensé. C'était la dernière machine qui restait. Du magasin, je suis allé à l'hôtel.

"Où est ton mari ?" J'ai dit à la propriétaire.

"Eh bien, il est parti avec le chauffeur pour conduire nos autocars et nos taxis au comité de réquisition."

"Quoi?"

"Oui madame."

— Mais je voulais qu'il m'emmène à Soissons demain !

"Eh bien, s'il revient ce soir et qu'on lui laisse une seule machine , je vous le ferai savoir, Madame."

Dans l'après-midi le tambour battait à nouveau et j'appris que tous les boulangers du village (ils étaient trois) ayant été appelés au front, nous risquions de nous retrouver sans le bâton de vie. Face à la catastrophe imminente, le gouvernement du village avait décidé de reprendre la boulangerie : il avait trouvé un vieil homme et un très jeune apprenti qui feraient le travail, mais chaque citoyen était prié de déclarer le nombre de personnes. composant son ménage et afin d'économiser la farine, autant de pain serait autorisé par perle et chaque famille devrait venir se ravitailler à la mairie entre onze heures et midi !

Il va sans dire qu'il doit être payé en espèces, même si le Conseil se réserve le droit de s'occuper des pauvres du village. De même, tout le sel avait été réservé à l'armée, et nous devions être rationnés à soixante-quinze grammes par semaine et par personne ! Tout cela semblait plutôt terrible, mais une fois mis en pratique, il s'est avéré que les rations étaient très généreuses et que personne n'avait de raison de se plaindre.

Le lendemain matin, à quatre heures, il y avait un flot continu de charrettes de ferme sur la route qui menait à Château-Thierry. Je m'habillai et me rendis aux écuries où George et Léon étaient déjà en train d'atteler. Plus d'une fois, j'eus une sensation de serrement dans la gorge tandis que je tapotais le dos luisant de mon cher vieux César et ma belle envergure.

Les jeunes filles avaient décoré les charrettes avec d'énormes bouquets de coquelicots, de marguerites et de bleuets et, en plus de ces bouquets tricolores, une petite branche de laurier était accrochée au-dessus de la bride de chaque cheval. Il y eut une généreuse distribution de sucre, et chaque cheval fut embrassé sur le bout du nez, puis les garçons rejoignirent le cortège sur la grande route.

Je les ai regardés hors de vue. "Est-ce qu'on en arrivera un jour à dire "au revoir" ? Quand ces départs cesseront-ils ?" pensai-je en me détournant de la porte. Mais je n'eus pas le temps de réfléchir, car une clameur des plus étonnantes s'éleva d'une porte un peu plus haut sur la route, et regardant de ce côté, j'aperçus le vieux père Poupard conduisant son cheval et sa charrette au large. Il était suivi de sa femme et de sa belle-fille, deux paysannes musclées, qui déploraient bruyamment le départ de leur monture !

"Non non!" hurla littéralement la mère Poupard .

"C'est la goutte d'eau qui fait déborder le vase ! Les deux fils sont partis, et maintenant notre cheval ! Qui va rapporter notre récolte ? Le Seigneur est injuste."

"Et les bébés de mon frère, ces pauvres orphelins de mère, dans un asile d'orphelins   à
Épernay ! Comment pouvons-nous les retrouver maintenant ? Oh non ! Oh non... " gémit Julia.

" Poupard ! " s'écria sa femme en essuyant ses larmes sur le coin de son tablier et en fixant ses yeux bleus perçants sur son mari, Poupard , pas de flânerie ! S'ils te paient ton cheval, souviens-toi, pas de bêtise. Tu reviens ici avec l'argent... nous avons besoin de votre aide dans la vigne.

"Ce n'est pas le moment de faire des folies", pleura Julia.

"Père Poupard ", réprimanda son compagnon en colère en brandissant une pelle,
"Père Poupard , faites attention à ce que je dis !"

Et puis, d'un ton plus modéré, mais distinctement audible à une trentaine de mètres : "J'ai mis une bouteille dans votre panier repas. Vous n'aurez plus rien à acheter."

Il y avait une accentuation particulière sur le mot *acheter* , qui me disait que la mère Poupard , visiblement habituée aux manières de son mari, avait largement pourvu à son voyage mais avait soigneusement vidé ses poches avant de partir.

Je suis retourné dans mes réserves, mais à mesure que la journée avançait, le manque de communication avec le monde extérieur a commencé à me

tourmenter. Vers quatre heures, j'ai pris mon vélo et je suis parti vers Charly
. A un quart de mille de notre porte, devant la mairie, un maçon avait enfoncé
deux énormes poteaux, enfoncés dans le sol de chaque côté de la route, et
balançait entre eux une lourde chaîne.

J'ai regardé de travers le maître d'école qui se tenait dans l'embrasure de la
porte et surveillait le travail. Il a expliqué qu'il avait reçu des instructions selon
lesquelles tous les passants inconnus de ce village devaient être arrêtés et leur
demander leurs papiers. Les hommes et les garçons qui restaient devaient
monter la garde à tour de rôle et contribuer ainsi à éradiquer la circulation
des espions. Deux moteurs suspects et un homme à vélo avaient déjà été
signalés. S'ils se présentaient et ne produisaient pas leurs papiers, ils seraient
immédiatement arrêtés. A la moindre opposition ou tentative de fuite, les
sentinelles avaient ordre de tirer.

nous serait nécessaire d'avoir un *sauf -conduit*, étant à destination de Charly ,
et éventuellement de la gare de Nogent , où j'espérais que les soldats d'un
train qui passait me jetteraient un journal.

M. Duguey a répondu qu'il me présenterait volontiers le premier passeport
et a semblé merveilleusement séduit par mon idée concernant les papiers. Il
a admis que vivre dans l'obscurité commençait également à l'énerver et m'a
demandé, au cas où mon plan aboutirait, si j'étais prêt à l'afficher sur un
panneau public afin que tout le monde puisse voir les nouvelles. J'ai acquiescé
volontiers, et après qu'il eut posé quelques questions sur les noms, l'âge, les
caractéristiques et la destination, il a apposé le sceau sur mon papier et je suis
parti.

A Charly, les mêmes préparatifs avaient été faits, et deux vieillards, appuyés
sur leurs fusils, souriaient lorsque je leur présentai mon papier à leur
inspection.

A l'hôtel, le propriétaire venait de rentrer après avoir fait la queue pendant
près de vingt-quatre heures pour présenter ses machines. Tous sauf un
avaient été achetés pour l'armée. Mais avec son taxi biplace, il m'a promis de
me conduire à Soissons le lendemain matin.

Je continuai ma route et arrivai à Nogent pour constater que je n'étais pas
seul dans l'idée de mendier les journaux. Plusieurs autres habitants des
villages voisins, à ce que j'ai appris, avaient déjà réussi à se procurer un drap
et étaient repartis en toute hâte avec leurs trophées. Ma démarche était très
simple. Il s'agissait de traverser les rails jusqu'au quai amont du train, de faire
la queue avec les autres femmes déjà rassemblées, d'y attendre comme des
oiseaux sur une clôture le passage d'un train venant de Paris. Puis , tandis
qu'il traversait la gare, nous avons crié en chœur : « *Les journaux ! Les journaux
!*

Cela a fonctionné comme par magie. Nous y étions à peine depuis deux minutes qu'un train retentit.

À mesure qu'il approchait, on pouvait voir que la locomotive et les wagons étaient décorés de guirlandes de fleurs et de vignes traînantes, tandis que des inscriptions telles que « *Train de Plaisir pour Berlin* » et de nombreuses caricatures avaient été tracées à la craie sur les flancs vernis des wagons.

Nos appels n'ont pas été vains. Avec des cris de joie, les garçons nous jetèrent volontiers les papiers qui furent accueillis comme une pluie de manne dans le désert. J'ai réussi à en collectionner deux, *L'Action Française* et *Le Bonnet Rouge* .

En attendant d'en trouver d'autres et plus fraîches, les feuilles royalistes et révolutionnaires pendaient côte à côte sur l'enseigne publique de Villiers, prouvant que sous la IIIe République, *Liberté* , *Égalité* , *Fraternité* ne sont pas de vains mots.

La nouvelle de la violation du territoire luxembourgeois et belge fit moins de sensation qu'on aurait pu s'y attendre. Dans ces circonstances, toute nouvelle semblait être une bénédiction.

Il y avait encore tout un attroupement devant la mairie lorsque les premières charrettes commencèrent à revenir de la révision. Ils étaient rares, comparés à la double file qui était passée le matin. Mon cœur bondit de joie lorsque je vis Georges, conduisant César, entrer dans la cour.

"Trop vieille, Madame", dit-il les yeux brillants. "Mais il est toujours tellement en forme qu'ils ont failli le garder. Il est réservé pour un deuxième appel."

"Et Florentin et Cognac ?"

Le garçon mit la main dans sa poche et lui tendit un bout de papier. Je l'ai pris et j'ai lu : « *Bon pour 1 200 francs, prix de 2 chevaux , etc.* »

"Eh bien, Dieu merci, il nous en reste un de toute façon", pensais-je en entrant dans le hall. A ce moment, le portail grinça et je distinguai vaguement, dans le crépuscule qui s'épaississait, les formes de la mère Poupard et de Julia se précipitant vers les écuries. J'ai suivi.

"Georges ! Georges !" appela Julia.

"Bien?" vint la réponse de l'intérieur.

"George, où est le vieil homme ?" demanda la mère Poupard d'un ton excité.

"Comment puis-je savoir?"

« Notre cheval a-t-il été pris ? Pouvez-vous nous le dire ?

"Je pense que oui, oui."

" Alors pourquoi Poupard n'est-il pas revenu avec toi et Léon dans la charrette ? Vous l'avez vu ? "

"Oui."

"Où était-il?"

"Devant un café alors que nous passions devant."

"Oh, le vieux méchant ! Le misérable ! Oh, *mon Dieu Dieu* , qu'allons-nous faire!
Oh, le méchant vieillard, si je l'avais ici, je le frapperais bien ! »

Et la mère Poupard se mit à brandir une fourche avec une telle violence que je commençai à craindre qu'à défaut de son époux délinquant, elle ne se jette sur George pour se venger.

"Oh, le vieux diable ! Oh—"

« Écoutez, je ne suis pas son infirmière – maintenant, dégagez-vous tous !

L'injonction fit son effet, car, se souvenant qu'elles n'étaient « pas chez elles », les deux femmes se retirèrent en colère, gémissant et se lamentant d'une voix si audible que leurs voisins sortirent pour voir de quoi il s'agissait et se moquèrent des menaces de mère Poupard. que ferait-elle si jamais elle mettait *le vieux* entre ses griffes.

Le vendredi, à six heures du matin, j'avais déjeuné et j'étais prêt à partir pour Soissons. Le taxi de l'Hôtel du Balcon fait son apparition quelques instants plus tard, et après une visite à la mairie, où nous nous procurons les passeports nécessaires, nous partons en voyage.

A l'entrée de chaque petit village, nous étions obligés de nous arrêter et d'exhiber nos papiers, après quoi la chaîne était baissée et nous étions autorisés à poursuivre notre chemin.

Une demi-heure plus tard, en traversant Château Thierry, nous apercevons les rangées de chevaux non encore examinés alignés le long de la place. Les commissaires avaient travaillé toute la nuit et leur tâche était encore loin d'être terminée.

Jusqu'à Oulchy -le-Château, les chaînes étaient les seuls signes extérieurs qui annonçaient l'état belliqueux du pays, et même alors, comme ceux qui montaient la garde n'étaient pas en uniforme, il nous semblait un peu passer une série de péages. -portes. Cependant, tandis que nous parcourions les routes magnifiques entre les grandes plaines fertiles, j'ai observé que les récoltes étaient faites principalement par les femmes et que les routes elles-mêmes étaient vides de tout véhicule. Évidemment, seuls ceux qui avaient une mission importante étaient admis sur les *routes nationales* , donc dégagées pour le transport de troupes ou de munitions.

A Oulchy , à mi-chemin de Soissons, nous nous sommes arrêtés à un passage à niveau pour laisser sortir de la gare un long train paresseux. Quand enfin les barreaux furent rangés, une grande agitation régnait sur la petite plate-forme que nous n'avions pas pu voir de l'autre côté des rails. Des jeunes filles, des seaux et des louches à la main, bavardaient avec des femmes en pagnes, dont l'aspect échevelé indiquait clairement qu'elles avaient été réveillées à la hâte et qu'elles s'étaient précipitées de là sans penser à leur *toilette* .

"Qu'est-ce que c'est?" J'ai demandé à la *garde-barrière* .

"Blessés!"

"Blessés?"

"Oui, le premier. Pas gravement blessé et ils sont capables de voyager, mais incapables de tenir une arme à feu. Et ils avaient tous tellement soif !"

Pauvres gars, pensai-je, déjà sortis des rangs et la première semaine n'est pas encore passée.

Plus persuadé que jamais de l'utilité de ma mission, je ne m'arrêtai pas plus longtemps mais poussai vers Soissons. Un demi-mile plus loin sur la route, un homme âgé portant un paquet a hélé le moteur. Nous avons ralenti et, chapeau à la main, il s'est approché.

« Je vous demande pardon pour la liberté que je prends, dit-il, mais puis-je vous demander où vous allez ?

"Soissons".

"Vous rendriez un grand service à la municipalité si vous me permettiez de monter avec vous sur le siège vide. Vous voyez, les jeunes qui restent pour récolter les récoltes ont cassé la seule machine de la communauté, et nous pouvons" Je ne continuerai pas les vendanges jusqu'à ce qu'elle soit réparée ou remplacée. Il n'y a plus de mécaniciens, et surtout, pas de chevaux qui pourraient nous emmener à Soissons pour en trouver un, alors j'ai proposé d'y aller à pied, mais cela fait au moins deux journées complètes. perdu avant que nous puissions continuer notre travail.

"Montez immédiatement", dis-je, et nous sommes partis.

Je n'ai pas tardé à tirer son histoire de cet échevin du village, alsacien de naissance, et ses récits sur la guerre de 1870 contribuaient à effacer le temps que nous étions obligés de passer à flâner au bord de la route pendant que notre chauffeur réparait notre première crevaison. . La roue de secours s'est mise en marche, nous étions bientôt de nouveau en route. Mon compagnon a dûment découvert en passant devant le monument aux soldats de la guerre franco-prussienne, presque caché dans une jolie châtaigneraie, au cœur de la forêt de Hartennes .

Aux portes de Soissons, nous rencontrons un escadron du neuvième régiment territorial, au repos après les exercices du matin. Ces soldats ressemblaient beaucoup aux créatures « à barbe touffue » que j'avais vues garder le chemin de fer de l'Est, sauf qu'ils étaient encore plus pittoresques, car la plupart portaient des sombreros de paille. Alors que nous croisions le capitaine à cheval, mon compagnon leva son chapeau et l'officier répondit par un salut.

"Un de tes amis?" Je me suis aventuré.

"Non. Je ne l'ai jamais vu auparavant."

"Mais tu t'es incliné, pensais-je."

"Certainement. C'est un officier de service en temps de guerre, et tous les civils lui doivent cette courtoisie."

J'aimais cela et je pensais qu'il s'agissait d'une urbanité d'antan, même si souvent, depuis que je l'ai vu, cela prouve que la coutume n'est pas obsolète.

Un peu plus loin, nous rencontrâmes un escadron très joyeux, les cuisiniers, qui épluchaient des légumes frais et les versaient dans d'immenses chaudières à laver, qui, une fois remplies, deux soldats saisis par les poignées et transportées vers une grande caserne distante de quelques centaines de mètres. .

Bientôt, nous atteignîmes une route pavée qui devait faire la joie de tous les engins lourds, mais qui faillit nous faire sortir de notre véhicule léger. La patience et la bonne humeur disparaissaient très rapidement lorsque nous avons contourné un virage, heurté le bon macadam et j'ai vu les flèches jumelles de Saint-Jean s'élever majestueusement sur le ciel bleu clair de l'été.

A notre droite, j'aperçus le portail d'entrée d'un château sur lequel était accrochée une grande croix rouge, telle que je convoitais pour ma maison, et puis en un instant nous étions déjà dans un *faubourg* de Soissons. Ce n'était pas sans rappeler l'entrée de n'importe quelle autre ville de province en temps ordinaire, sauf qu'il y avait de nombreux hommes en pantalon rouge mêlés à l'autre population. Il n'y avait pas de chaînes en travers de la route, mais quatre soldats en uniforme montaient la garde. Nous avons montré *patte blanche* et commença à demander le quartier général de la Croix-Rouge.

" Madame Macherez est la présidente. Il faut aller chez elle. Traverser la ville et sortir vers l'est, vers Saint-Paul. Son château est là. "

Naturellement, nous nous sommes dirigés directement vers notre destination, mais nous avons été arrêtés toutes les deux minutes par la police qui nous a déviés dans les ruelles. Les grands axes routiers doivent rester dégagés pour l'armée !

Je déposai mon vieil ami près de la mairie et lui dis que je devrais rentrer vers midi. S'il était prêt, je serais heureux de le prendre en charge. Nous retrouverait-il devant l' *Hôtel du Soleil d'Or ?*

Il était ravi et a promis d'être à l'heure.

Nous traversâmes l'Aisne ; Je dois le dire avec insouciance, sans imaginer que, dans un laps de temps aussi court, elle serait l'objet de disputes aussi désespérées et sanglantes – ni aussi célèbres sur le plan historique.

Le Château de Saint-Paul est assis, ou plutôt en retrait de la route, entouré de son joli jardin et d'un haut mur. J'ai laissé mon moteur et suis entré dans le parc, précédé d'un domestique qui avait ouvert le portail. Dans un petit salon, je me présentai à une jeune personne très charmante, déjà installée derrière un bureau, alors qu'il était à peine huit heures et demie, et lui expliquai l'objet de ma visite.

" Madame Macherez sera ravie. Je suis sa secrétaire et je peux vous assurer qu'elle fera tout ce qui est en son pouvoir pour réaliser vos projets. Cela vous dérangerait-il d'attendre quelques instants ? Elle va descendre tout à l'heure. Vous voyez, " dit-elle. continua, nous sommes restés debout toute la nuit. Nous avions soudain une partie d'un régiment cantonné sur nous, et les officiers qui dormaient ici allaient et venaient la plupart du temps. Je vous prie d'excuser la poussière, mais ils n'ont pas été réveillés. assez longtemps pour que nous puissions remettre les choses en ordre. Nous étions vingt ici et deux cents hommes dans les dépendances, ce qui fait un sacré *retour. ménage* . "

A ce moment-là, le président de l' *Association des Dames Françaises* entra.

Madame Macherez , une belle femme âgée aux cheveux gris fer et aux yeux bleu clair, est la veuve de l'ancien sénateur Macherez . Sa compréhension approfondie et ses merveilleuses capacités commerciales lui ont valu le respect et l'estime de deux nations entières ; l'ami et l'ennemi sont unis dans leurs louanges à l'égard de cette personne merveilleuse.

Je ne tardai pas à expliquer mes intentions : je pouvais fournir soixante lits, avec de la place pour le double ; prendrait en charge toute la gestion d'un hôpital, aiderait volontiers avec les soins infirmiers, mais devrait avoir un médecin et d'autres aides professionnelles.

Madame Macherez accepta ma proposition, connaissait exactement la personne dont j'avais besoin, et, ôtant son insigne, l'épingla sur le revers de mon habit et me fit membre de sa société.

"Maintenant, finissons-en tout de suite avec les formalités. Voici votre *carte d'identité* . Vous devez y coller votre photo. Avec celle-ci et un brassard tamponné du ministère de la Guerre, vous aurez libre accès à toutes les routes. et vous n'aurez pas à vous embêter avec d'autres papiers. Allons immédiatement à la mairie, où ils apposeront leur sceau sur votre carte, ce qui la fera valoir pour votre identité. De là, il faudra traquer le colonel. commander et obtenir son sceau. Cela le rend valide auprès des autorités militaires.

Le moteur du président attendait devant la porte.

"Combien de temps allons-nous?"

"Ah, une heure au moins."

Je me tournai vers mon chauffeur qui était en train de réparer son pneu crevé.

"Va voir si tu ne trouves pas une nouvelle chambre à air, et retrouve-moi à l' *Hôtel du Soled d'Or* où je déjeunerai, à onze heures."

"Mais je viens de mettre une nouvelle chambre à air."

« En avez-vous un de plus ? »

"Non, mais j'ai ma roue de secours—"

"Peu importe. Une autre chambre à air peut s'avérer utile."

"Très bien, Madame."

Madame Maeberez attendait, alors j'ai sauté à côté d'elle et nous sommes allés au bal municipal. Même si la guerre ne durait qu'une semaine, son bureau était déjà installé à l'Hôtel de Ville et plusieurs hôpitaux étaient en bonne voie d'être complètement organisés. Dans une grande salle, des femmes à casquette blanche (les premières que j'aie vues) comptaient les bandages, le linge et les sous-vêtements, et disposaient d'énormes tas pour tel ou tel hôpital.

Pendant que Madame M. répondait aux nombreuses questions qui l'assiégeaient dès son entrée, sa secrétaire nota ce qui manquait à mon ambulance, promit de l'acheminer immédiatement en automobile et me donna un engagement à signer.

Entre-temps, quelqu'un avait porté ma carte chez le maire qui y apposait son sceau, et mon brassard est apparu comme par magie.

Et maintenant, place au colonel ! Et nous sommes repartis en toute hâte.

Alors que nous traversions la petite ville pittoresque, mon regard fut attiré plus d'une fois par un splendide morceau d'architecture Louis XIV. Le collège, le couvent, les églises et même certaines résidences privées étaient de merveilleux exemples de cette époque délicieusement décorative. Comme c'était ma première visite à Soissons, je regrettais de ne pas avoir apporté mon kodak , mais lorsque j'en parlai à Madame Macherez, elle me témoigna sa joie de mon admiration pour sa ville natale, mais elle fut extrêmement heureuse que je ne m'y sois pas aventuré seul avec un caméra. Les inconnus munis d'attirail photographique étaient ces fois-ci méfiants. Il valait mieux laisser ces choses-là à la maison.

A ce moment-là, nous remontions une rue étroite et le chauffeur trompait en vain, essayant de persuader une demi-douzaine de soldats portant des bottes de laurier sur le dos, de nous laisser la place de passer. Avec beaucoup de réticence, le premier homme s'est éloigné un peu vers la droite, le deuxième a vociféré quelque chose dans un patois pittoresque, et juste au moment où nous dépassions le troisième, je me suis penché en avant et j'ai attrapé le conducteur par le col.

"Arrête, arrête une minute !" J'ai haleté.

Il a dû me prendre pour un fou, et Madame M. s'est probablement imaginé que j'avais tout à coup perdu la raison, lorsqu'elle m'a vu plonger hors du moteur, courir vers une des balles, l'arracher du dos du transporteur avec une violence qui a failli bouleverser l'homme, puis, lui passant mes bras autour du cou, je l'embrasse.

"Vous déjà?" » haleta H., et puis, alors que nous comprenions que nous nous donnions en spectacle en public, les couleurs nous montèrent aux joues.

S'ensuivit une explication précipitée, dans laquelle je lui exposai mes projets.

"Et toi, qu'est-ce que tu fais ici ?" J'ai interrogé.

"Eh bien, juste ce que vous voyez. Nous tous, de Villiers, avons été envoyés pour amener des chevaux au front, et c'est du bon travail. J'aimerais que vous puissiez voir les canassons ! Aucun d'eux n'est montable !"

"Mais après leur livraison, quoi ?"

"J'aurais aimé me connaître."

"Et quand pouvons-nous nous rencontrer ?"

" J'ai bien peur que ce soit impossible. Nous repartons ce soir pour Dieu sait où ! "

Et H. se voyant déjà loin derrière ses compagnons, me lança un adieu précipité et s'en alla !

Le colonel était absent, mais revenait *tout de suite,* et Madame Macberez et moi perdions près d'une heure à attendre. Cependant, lorsqu'il est apparu, il s'est montré très aimable, s'est excusé très poliment et a immédiatement tamponné ma carte. Puis, ayant tous les papiers nécessaires, je priai Madame de me déposer à l'hôtel et de retourner à son bureau, où je savais qu'il y avait assez de travail pour une demi-douzaine comme elle. Elle fit ce que je lui demandais et nous nous séparâmes, en promettant de rendre visite à Villiers dès qu'elle aurait un après-midi.

J'étais la seule femme présente dans la salle à manger de l'hôtel pour le déjeuner. La nourriture était bonne, mais le service impossible, car il y avait une quarantaine d'hommes, pour la plupart des officiers, très affamés, et un seul serveur décrépit pour faire le travail. La bonne humeur régnait, chaque convive faisait des concessions, et c'est là que j'entendis pour la première fois cette expression destinée à devenir si populaire comme excuse à presque tout : *C'est la guerre !*

Mon chauffeur m'a fait attendre, mais mon ami échevin était à l'heure. Enfin le moteur fait son apparition. Quelque chose s'était produit en quittant Saint-Paul dans la matinée et le pauvre *hôtelier* avait cherché un mécanicien dans toute la ville, mais en vain. Tous étaient *au service de l'armée* . Finalement, il avait dû arranger les choses du mieux qu'il pouvait. Quant à une chambre à air supplémentaire, une telle chose n'existait pas. Il faudrait tenter notre chance avec le volant qu'il avait.

Nous avons commencé, mais nous n'avions pas parcouru deux cents mètres lorsqu'un pneu arrière a explosé !

Eh bien, Dieu merci, nous n'avions pas quitté la ville. Je retournai donc à l'hôtel, et pendant qu'Huberson et l'échevin réparaient les dégâts et ajustaient la roue de secours, j'eus le temps de lire tous les anciens numéros d' *Illustration* que possédait la *Soled d'Or* et d'entamer une conversation avec la patronne. , qui était assis dans la cour à décortiquer des pois pour le dîner. Elle était certaine que la guerre serait finie dans trois mois au maximum !

Finalement, je suis sorti pour voir si je ne pourrais pas être utile dans le domaine automobile, mais Huberson m'a dit qu'elle serait prête dans quelques instants. D'après ce que j'ai pu comprendre, mon ami échevin était avant tout une personnalité décorative, car il se tenait là, son chapeau sur l'arrière de la tête, gesticulant avec véhémence, mais ne daignant jamais aider mon chauffeur de la moindre manière. Quand je lui demandai s'il connaissait bien Soissons et s'il pouvait me diriger vers certaines épiceries où je pourrais peut-être me procurer quelques provisions, il insista pour me montrer les boutiques, avec un empressement qui prouvait son incompétence en réparation automobile.

Au cours de cette courte promenade à pied, nous rencontrâmes tout le neuvième régiment territorial, non pas sous les armes, mais *au repos* . Les hommes étaient assis devant la caserne, lisant les journaux ou fumant tranquillement leur pipe, et tous aspiraient à « quelque chose à faire ». Leur souhait, je le crains, a été plus que satisfait.

Le deuxième départ s'est avéré un succès et nous avons roulé très confortablement jusqu'à ce que nous atteignions cette longue route pavée. La journée était extrêmement chaude, les pierres cuites par le soleil , et après environ un premier kilomètre, j'ai vu Huberson regarder nerveusement sa roue avant. Son anxiété était fondée, car une demi-minute plus tard, sifflement ! Je sentais le caoutchouc se fendre !

Nous nous sommes arrêtés et sommes tous sortis.

"C'est fini !" il s'est excalmé. "Pas un... mais deux pneus ont éclaté, et le patin de la roue de secours bat comme un vieux chiffon sale !"

"Maintenant, à mon époque..." commença l'échevin.

"Peu importe ton temps, mon vieux. Si tu veux retrouver Oulchy et cette faucheuse avant Noël, tu dois intervenir et aider", coupa Huberson , dont les nerfs ne supportaient plus la tension. Notre ami a compris et a commencé à enlever son manteau. Nous étions à 13 kilomètres de Soissons, sur l'amélioration d'une route pavée, en plein soleil. Il était 15 heures par une étouffante journée d'août !

Les hommes ont dû passer une heure à essayer d'effectuer des réparations impossibles : ils savaient qu'il ne servait à rien de retourner à Soissons où l'aide avait déjà été refusée, et il était évident, d'après l'état des tubes, qu'il n'y avait aucun espoir de les réparer.

Ce qu'il faut faire?

"Je vais vous le dire", dis-je (et je dois admettre que j'ai parlé pour dire quelque chose), "Je vais vous le dire ! Supposons que vous retiriez les chambres à air et que vous bourriez les chaussures d'herbe !"

Les hommes me regardaient comme si j'avais soudainement perdu la tête. Leur mépris était si évident qu'il m'a flétri.

"Oui. Je suis sérieux."

Surgit alors une série de protestations auxquelles le bon sens m'invitait à prêter attention, mais qui ne faisaient en rien avancer notre cause. Après avoir perdu une demi-heure de plus à débattre sur la question, j'ai de nouveau proclamé mon idée initiale.

Le chauffeur m'a jeté un regard désespéré et a haussé les épaules. "Le moins que l'on puisse faire, c'est d'essayer."

En disant cela, nous nous sommes mis au travail pour arracher l'herbe et les mauvaises herbes. Et c'est ainsi que j'en suis arrivé à parcourir trente milles avec trois pneus gonflés à l'herbe qui, grâce à la chaleur, vers la fin du trajet, se sont mis à émettre des petits jets de liquide vert au grand étonnement de tous ceux qui nous voyaient passer. .

III

Les jours qui suivirent mon voyage mouvementé à Soissons furent consacrés à superviser l'installation de mon hôpital. Par commodité, j'ai décidé d'utiliser tout le rez-de-chaussée, d'abord parce qu'il y avait des appartements moins nombreux et plus spacieux, chacun étant assez grand pour contenir dix ou douze lits, formant ainsi une salle ; Deuxièmement, parce qu'il vaudrait mieux éviter de transporter les blessés dans un escalier. Les pièces situées au-dessus pourraient être utilisées en cas d'urgence. Tout cela nécessita bien sûr le déménagement de la plupart de mes meubles et *objets d'art* , ainsi que la vidange de l'atelier très encombré de H. — j'avais décidé de ne conserver qu'un petit appartement dans l'aile est pour un usage privé. C'était vraiment une entreprise formidable, bien pire que n'importe quel « ménage de printemps » que j'avais jamais connu, d'autant plus que j'étais mal secondé par mon personnel domestique très épuisé, déjà plus qu'occupé à essayer de faire fonctionner la ferme.

Par les garçons, George et Léon, j'appris que le vieux père Poupard n'avait pas encore fait son apparition depuis son départ trois jours auparavant avec son canasson, et que la mère Poupard avait abandonné son attitude belliqueuse et avait eu recours aux larmes. On la voyait trois fois par jour, au retour des champs, debout au coin du pont, criant sa détresse à tout passant qui avait le temps de s'arrêter et de l'écouter. Poupard possédait désormais toutes les qualités humaines et c'était probablement à cause de sa noble douceur de cœur que quelque malheur lui était arrivé. Quel malheur, d'autant que la vigne avait tant besoin d'attention.

Dimanche 9, je m'apprêtais à aller au service matinal à Charly (notre propre vicaire avait été appelé à rejoindre son régiment) lorsqu'en traversant le pont, une bicyclette fut emportée par la victoria .

« Il arrive… il arrive ! » a appelé le cavalier en nous dépassant.

"OMS?" Dis-je en me levant tandis que George s'arrêtait.

"Père Poupard !" appela le garçon. "Je vais le dire à sa femme !"

Il était évident que la nouvelle s'était répandue comme une traînée de poudre, car en regardant dans la rue, je pouvais voir les villageois se dépêcher de quitter leurs chaumières. Déjà le bourdonnement des voix parvenait à mes oreilles, et soucieux de ne pas manquer ce qui promettait d'être une réunion des plus dramatiques, j'ai dit à George de conduire d'un côté de la route et de s'arrêter, et là nous attendrions les développements.

En moins d'une minute, la mère Poupard apparut. Elle tenait parole, car maintenant qu'elle savait que son seigneur et maître n'était plus en danger, elle avait jeté les sentiments aux vents et brandissait en fait ce « gros bâton !

"Ah, le vieux ivrogne bon à rien !" » vociféra-t-elle en courant. "Laisse-moi juste lui imposer la main !"

Au détour de la route arrivaient les paysans excités. Ils se pressaient si étroitement autour de quelqu'un que jusqu'à ce qu'ils soient presque sur nous, je ne pouvais pas distinguer de qui il s'agissait. Puis, tandis que la mère Poupard se frayait un chemin à travers la foule, celle-ci s'écarta et montra son mari ; ivre, mais avec fierté ; délirant, mais avec gloire — portant fièrement dans ses bras son plus jeune petit-fils, tenant l'autre par la main.

"Oh, Joseph…" haleta sa femme étonnée, toute trace de colère disparue de sa voix.

S'ensuivit alors une scène familiale très touchante, où le délinquant fut pardonné, et pendant laquelle un des spectateurs expliqua que le père Poupard était allé à pied de Château-Thierry à Epernay, pour chercher ses petits-enfants orphelins, et qu'il était revenu à pied, portant d'abord l'un puis l'autre accomplissant les cent milles en à peine quatre jours ! Une entreprise héroïque pour un homme de plus de soixante-dix ans !

Le soleil s'est levé et s'est couché plusieurs fois avant que mes aménagements intérieurs ne soient terminés et rien d'extraordinaire ne s'est produit pour briser la monotonie de ma nouvelle routine. Le mardi 11, un étrange bourdonnement d'un moteur nous indiqua qu'un avion n'était pas loin. Notre château est situé dans la vallée entre deux collines, alors pour avoir une vue dégagée sur l'horizon, je me suis précipité sur le toit avec une paire de jumelles.

Bientôt, un petit point noir apparut et à mesure qu'il grandissait dans le champ de mon verre, il était facile de reconnaître la forme d'un *Taube*. C'était mon introduction à l'ennemi.

Sans attendre une seconde, je me précipitai vers le téléphone et demandai à la centrale de Charly (les téléphones appartenaient désormais à l'armée) de transmettre le message qu'un avion allemand avait été aperçu depuis le château de Villiers et volait plein ouest, cap sur Paris. Le bruit était devenu de plus en plus fort, et lorsque je revins à mon poste d'observation, je trouvai la plupart des domestiques rassemblés, tous tendant le cou. Le *Taube* arrivait , et nous restions là, bouche bée, sans nous rendre compte un instant que nous courions le moindre risque. L'engin passait directement au-dessus de nos têtes, mais pas assez bas pour que nous puissions distinguer son contenu à l'œil nu.

"Il y en a un autre !" cria quelqu'un. Et tournant le dos à l'ennemi, nous consacrâmes toute notre attention à un deuxième point qui s'était soudain élevé à l'horizon.

avion qui arrivait toujours brillait magnifiquement sous les rayons dorés du soleil de l'après-midi.

« *C'est un français !* » s'écria Georges.

" *Non !* "

En admettant qu'un avion vole à la vitesse d'un mile par minute, on peut facilement imaginer que nous n'avons pas eu à attendre longtemps avant que le numéro deux ne nous survole. A travers ma lorgnette, j'ai pu reconnaître la cocarde tricolore peinte sous l'avion, et quand je l'ai annoncé, un cri de joie sauvage s'est élevé.

À ce moment-là, une forte détonation à l'ouest annonçait que les Allemands avaient commencé leur œuvre meurtrière sur un territoire non défendu.

"C'est une bombe pour le passage à niveau de Nanteuil , je parie !" dit Léon, et pendant que je réalisais que ce projectile aurait tout aussi bien pu être pour nous, les autres gesticulaient et encourageaient leur compatriote à quelques centaines de mètres au-dessus d'eux, comme s'il pouvait supporter chacune de leurs paroles :

« Vas-y, mon vieux !

"Abattez ce maudit merle !" « *Vive la France !* » et autres éjaculations semblables étaient noyées dans le bruit du moteur.

La chasse était lancée ! C'était plus excitant que n'importe quelle course de chevaux à laquelle j'ai jamais assisté. Les Français gagnaient rapidement sur l'autre, mais entreraient-ils au combat avant de disparaître de notre horizon ? C'était la question qui nous angoissait.

Ils continuèrent leur course, devenant de plus en plus petits à chaque seconde. Bientôt, il devint impossible de les distinguer, mais nous savions qu'ils étaient à portée l'un de l'autre, car les deux points s'élevaient et descendaient tour à tour, tantôt s'élevant haut, tantôt plongeant précipitamment, semblant presque se toucher par moments. Puis, alors qu'ils étaient sur le point de disparaître, l'un d'eux s'est soudainement effondré et est tombé. Lequel, nous ne l'avons jamais su.

Vers le crépuscule, le *garde-champtre* apparut et laissa l'ordre que Georges et Léon montent la garde à tour de rôle. Quatre heures hors du sommeil d'un jeune paysan, surtout lorsqu'il est surmené, risquent de le rendre inutile le lendemain. Cela m'a un peu provoqué, mais ensuite c'était un devoir et ils devaient obéir. Les garçons arrivèrent à onze heures et, ayant décidé qu'il valait mieux se reposer une heure ou deux à l'avance, ils se retirèrent au grenier à foin. J'ai promis de veiller sur eux au cas où ils ne se réveilleraient pas, et à l'heure convenue, j'ai enfilé mon pull et je suis descendu pour trouver, comme je m'y attendais, les deux jeunes dormant paisiblement, parfaitement inconscients de l'heure. Les pauvres petits, c'était dommage de les réveiller, mais que faire ? Bientôt l'idée de les remplacer moi-même m'est venue : une seconde plus tard, cela m'a tellement enchanté que je ne les aurais pas réveillés pour rien au monde. Tout cela commençait à être terriblement romantique.

M'éclipsant tranquillement, je suis allé dans ma chambre chercher mon revolver, puis me dirigeant vers la façade sud du château, j'ai sifflé doucement mes chiens. Trois gros lévriers, un chien de berger et un setter ont répondu immédiatement, et juste au moment où j'étais sur le point de fermer la petite porte jaune, la vieille Betsy, mon taureau Boston préféré, est arrivée haletante au coin de la maison. Avec ces cinq-là comme gardes du corps, j'ai parcouru la route au clair de lune, arrivant devant la mairie juste au moment où l'horloge sonnait onze heures. Je dois dire que mon apparition et mon annonce ont plutôt choqué deux hommes âgés qui veillaient depuis sept heures.

M. Demarcq a protesté qu'une femme montant la garde n'avait jamais été imaginée, mais je l'ai rapidement dissuadé de cette idée. Qu'est-ce qui m'était demandé ? Que j'arrête chaque passant et chaque véhicule ? Ne me croyait-il pas capable de le faire ? Et j'ai montré mes chiens et mon revolver. Le poids de l'argument était si évidemment de mon côté qu'ils n'eurent qu'à se soumettre, et en riant, M. Foeter me remit en possession d'un vieux fusil lourd, de trois paquets de cartouches et de la lanterne. Puis encore une fois, ils m'ont demandé si on ne pouvait pas me dissuader, ce à quoi j'ai répondu en plaisantant que je lancerais mes chiens après eux et les reconduirais chez eux s'ils ne se dépêchaient pas d'y aller tout de suite. Cet avertissement se révéla plus efficace que j'avais osé l'espérer, et m'assura que mes fidèles bêtes jouissaient d'une réputation féroce.

Toutes sortes d'idées fantastiques me sont venues à l'esprit lorsque j'ai pris possession de mon poste. J'ai cependant commencé par placer la lanterne au milieu de la route, exactement au centre de la chaîne, pour avertir tout venant en sens inverse. Puis, au clair de lune, j'ai procédé à l'examen de mon arme. C'était un bras très primitif, et après l'avoir soigneusement pesé dans mes mains, j'ai décidé d'abandonner toute idée de parcourir la route avec un tel outil sur mon épaule. Ce genre de gloire ne valait pas la peine du lendemain, alors j'ai déposé l'arme désuète dans le couloir de l'école et j'ai décidé de me fier à mon Browning.

Ensuite, je suis sorti et je me suis assis sur le banc, le dos contre le mur, en attendant que quelque chose se passe. Mes chiens semblaient avoir compris la gravité de ma mission et s'accroupissaient près de mes pieds, tendant l'oreille au moindre bruit.

Peu à peu, la grande lune des moissons montait haut derrière notre vieille église romane, perchée sur le talus d'en face, baignant tout dans de l'argent fondu et faisant projeter sur la route de longues ombres noires par les grands pins du petit cimetière voisin. En bas vers la Marne, les grenouilles coassent joyeusement quelque part au loin, une criquet nocturne bourdonne, et alarmés par le coup de minuit, les chouettes qui nichaient dans le beffroi, voletèrent dans la nuit et s'installèrent sur le sommet de l'église, commencèrent leur plaintivement. hululement. Toujours personne n'est passé.

Un tel calme régnait qu'il était presque impossible de croire que là-bas, au-delà de ces collines lointaines, des batailles et des massacres faisaient probablement rage.

Bientôt, un frisson m'avertit que j'étais resté assis assez longtemps ; alors, faisant cent pas, je commençai à marcher lentement de haut en bas, observant le firmament toujours changeant. Les premières traînées grises de l'aube commençaient à éclaircir l'est lorsqu'un grognement de Tigre me fit brusquement tourner la tête. Je dois avouer que mon cœur s'est mis à battre anormalement et que la main dans ma poche a saisi mon revolver comme s'il s'agissait d'un animal vivant et susceptible de s'échapper.

Une seconde plus tard, tous les chiens répétèrent le grognement, puis j'entendis le cliquetis d'une paire de sabots sur la route. Le bruit approchait, et mes gardiens regardaient vers moi, tous les muscles de leur corps tendus, attendant le seul mot : « *Apporte !*

« *Couchez !* » sifflai-je en attendant l'évolution.

Les pas se rapprochaient de plus en plus, et en un instant la silhouette courbée d'un vieux paysan franchit le sommet de la colline. La démarche était trop familière pour qu'on puisse s'y tromper. Mais que faisait donc le père Poupard sur la grande route à cette heure-là ?

Lorsqu'il fut à portée de parole, je sortis de l'ombre du mur et posai la question. S'il avait été soudainement confronté à un fantôme, je ne pense pas que le vieil homme aurait pu être plus étonné. Il s'arrêta net, comme s'il ne savait pas s'il devait faire demi-tour et courir, ou avancer et en subir les conséquences. Conscient de son embarras, je lui ai adressé à la hâte quelques mots de salutation, puis il a choisi cette dernière prérogative.

"- Vous ?_ " dit-il, quand enfin il retrouva sa langue. " *Vous ?* "

"Oui pourquoi pas?"

"Qui est avec vous?"

"Personne. Pourquoi ?"

Il semblait plus embarrassé que jamais. De toute évidence, il n'avait pas encore « compris ».

"Que puis-je faire pour vous?" J'ai continué.

Il hésitait encore, me regardant d'abord puis une bouteille qu'il portait à la main. Finalement, il résolut d'en faire la vérité.

" Eh bien, dit-il, je ne m'attendais pas à trouver une femme ici, encore moins *une châtelaine* . Cela m'a un peu surpris ! Vous voyez, j'ai pris l'habitude de revenir vers l'aube. Les garçons commencent à J'ai froid à ce moment-là et je suis assez content d'essayer mon eau-de-vie de fruits. On dit que je suis trop vieux pour monter la garde, alors je dois servir mon pays du mieux que je peux. ?"

J'ai refusé, mais il n'a pas été offensé ; pourtant, il semblait réticent à y aller.

"Asseyez-vous", dis-je. "Ce n'est pas votre place avant le passage de quelques hommes en route vers les champs, et alors vous n'aurez pas fait votre voyage pour rien."

Le Père Potipard accepta avec plaisir et après une généreuse gorgée d'eau-de-vie, il commença à me raconter ce qui s'était passé à Villiers lors de l'invasion allemande en 1870. Au fur et à mesure de ses paroles, la nuit disparut peu à peu et lorsque l'horloge du beffroi sonna trois heures du matin, mes successeurs est venu me soulager. J'ai soufflé la lanterne et suis rentré chez moi en plein jour.

Les garçons avaient l'air très penauds quand ils apprirent ce qui s'était passé, mais comme je ne me vantais pas de mon exploit, le prenant simplement comme une évidence, ils n'avaient aucun moyen d'aborder le sujet, et comme beaucoup d'autres choses de ce genre, cela fut vite oublié dans la poursuite de nos lourdes tâches quotidiennes et de l'anxiété morale que nous éprouvions.

Cet été-là, la saison des fruits semblait sans fin. La longue table de la salle des domestiques était littéralement couverte de verres contenant des confitures et des gelées de toutes sortes, attendant leurs couvercles en papier. Nini a dit qu'il y en avait plus de cinq cents – cela me semblait des milliers, et j'étais profondément heureux d'une accalmie avant l'ouverture de l'hôpital. Et je me souviens très bien que la dernière chose que j'ai préparée était une trentaine de litres d'eau-de-vie de cassis ; c'est-à-dire que j'avais versé l'alcool brut sur les fruits et mis les pots de côté en attendant d'être terminés six mois plus tard ! Peu de temps après, par un chemin détourné venant de Soissons, j'ai appris que je pouvais attendre à tout moment mes infirmières qualifiées et mes fournitures. Entre-temps, je restais sans nouvelles de H. depuis cette rencontre mouvementée d'une semaine auparavant.

Le samedi 15 août ressemblait aussi peu à une fête religieuse qu'on puisse l'imaginer. De bonne heure, le vanneur roulait en grondant sur la route qui menait à la place qui jouxte le château. Dans ces circonstances, chacun devait rentrer à son tour son blé et son avoine, et il n'y avait pas de choix de jour ni d'heure. D'ailleurs, le village avait déjà été appelé à fournir du grain et du fourrage à l'armée, et il fallait mesurer et déclarer immédiatement la récolte. Cela ne m'inquiétait qu'à moitié, car mon foin était déjà dans les greniers avant le début de la guerre, et deux hommes âgés qui avaient postulé pour du travail comme ramasseurs , avaient été engagés pour la dernière semaine d'août.

Après le service chez Charly , je me suis dirigé vers la poste. La maîtresse de poste et télégraphiste, charmante dame de province, m'accueille toujours très cordialement, et à présent je pensais qu'elle pourrait avoir des nouvelles qui n'étaient pas encore parvenues à Villiers. (Attention, depuis le 2 août, nous n'avions eu que deux journaux, et ceux obtenus avec quelle difficulté !) Le *bureau* appartenait désormais à l'armée, et depuis quinze jours mademoiselle Maupoix et ses deux jeunes aides avaient à peine eu le temps de dormir. , tant ils étaient occupés à transmettre des dépêches chiffrées, à transmettre des ordres, etc. C'est à cet épuisement physique que j'attribuais le visage tuméfié de ma petite amie lorsqu'elle ouvrit la porte de son salon particulier. Il était évident qu'elle avait quelque chose à dire, mais son éducation exquise lui interdisait de se lancer à corps perdu dans son sujet, avant de s'être gracieusement renseignée sur ma santé, celle de mon mari et de nos nouvelles depuis notre dernière rencontre.

— Et la guerre, Mademoiselle, savez-vous ce qui s'est passé ?

Deux grosses larmes montèrent aux yeux de Mademoiselle, qui avaient pourtant une expression triomphante.

— Madame, le drapeau français flotte sur Mulhouse, mais il a coûté quinze mille vies humaines ! C'est une nouvelle officielle. Je ne peux pas vous donner plus de détails ni vous dire comment j'ai obtenu ce que je vous ai dit.

Puis les armées s'étaient rencontrées et la guerre était désormais une réalité sanglante !

J'ai frémi. Voici la nouvelle d'une victoire et tout ce que nous pouvions faire, c'était pleurer ! Une fois de plus, les fils de France avaient généreusement versé leur sang pour reconquérir leurs justes biens !

Je quittai Mademoiselle et rentrai chez moi en silence. Dois-je le dire aux villageois ? Pourquoi pas? Mais comment?

La question se répondait d'elle-même car, alors que nous approchions de la mairie, j'aperçus le maître d'école et plusieurs hommes âgés assis sur le banc à côté de la chaîne. Quand nous nous sommes arrêtés pour donner à César le souffle coupé, ils se sont tous rassemblés autour de la voiture. Est-ce que je savais quelque chose ? Avais-je entendu quelque chose ?

« Messieurs, dis-je avec un rauquement décidé dans la gorge, le drapeau français flotte sur Mulhouse, mais quinze mille hommes sont *hors de combat !* »

La joie, suivie presque instantanément d'une expression de tristesse, transfigura littéralement tous leurs visages. Les larmes jaillirent des yeux de plusieurs, tombant silencieusement sur leurs joues ridées, et sans prononcer un mot, comme un seul homme qu'ils découvrirent tous ! Le respect des morts glorieux abolit aussitôt tout désir de triomphe bruyant.

Il n'était pas nécessaire d'ajouter un commentaire, j'ai donc continué ma route vers le château.

Une nuit, vers la fin de la semaine suivante, j'ai été réveillé par des claquements de portes et des vitres brisées. Une violente tempête avait soudainement éclaté et le vent faisait des ravages avec les stores et les volets non fermés. Il ne servait à rien de penser à tenir une bougie ou une lampe. En outre, les éclairs brillaient si fort que je pus me frayer un chemin à tâtons dans la longue file de pièces vides, resserrer les fermetures et fermer les fenêtres. J'étais arrivé au deuxième étage sans encombre et sans entendre le moindre pas sous les portes. Tous mes petits serviteurs étaient si épuisés que même le tonnerre ne les avait pas réveillés. Mais bientôt, le bruit de la cloche du portail retentit à mes oreilles.

"Ourson", pensai-je. "Un arbre ou une branche est tombé sur le fil. Attrape-moi en train de me mouiller en sortant pour voir ce que c'est."

La sonnerie continuait, mais avec plus de violence. Et à intervalles réguliers. Je suis descendu jusqu'à la fenêtre du milieu et j'ai sorti la tête. Au même moment, mes chiens se précipitaient sauvagement vers le portail et une voix de femme criait : « *Madame Huard, ouvrez , s'il vous tressez!* "

À la lumière d'un autre flash, je pus distinguer une silhouette dégoulinante de blanc. "Bah ! quelqu'un est malade ou mourant et veut que je téléphone pour appeler un médecin !"

J'ai donc tiré sur la cloche communiquant avec les quartiers des domestiques, j'ai enfilé quelques vêtements plus chauds et je suis descendu. Au pied de l'escalier, je rencontrai George et Léon, très échevelés, mais bien éveillés.

"Il y a quelqu'un en détresse à la porte", expliquai-je précipitamment. "Appelez les chiens et allez voir de qui il s'agit. J'allumerai le réfectoire et je vous y attendrai."

Ils obéirent et, au bout de trois ou quatre minutes, revinrent, emmenant avec eux une femme très débraillée mais souriante, sur le manteau de laquelle était épinglée la médaille de la Croix-Rouge.

"Je suis l'infirmière qualifiée. Madame Macherez m'a envoyé ici pour vous aider avec votre hôpital."

"Oh ! Je suis sûr que vous êtes la bienvenue, Madame—"

" Je m'appelle Guix . J'ai reçu l'ordre de vous rejoindre ici il y a trois jours, et les communications sont si mauvaises que j'ai fait la majeure partie du chemin à pied. Je m'excuse humblement d'être arrivé à pareille heure et dans un tel état. "

J'emportai Mme Guix chez elle, dis aux garçons de réveiller Julie et de lui demander de nous envoyer une tasse de thé et des rafraîchissements dans mon petit salon. Bien que nous soyons au milieu du mois d'août, la pluie et l'humidité étaient si pénétrantes que je n'ai pas hésité à allumer une allumette sur un feu de broussailles toujours préparé dans ma cheminée. Peu de temps après, mon invitée réapparut et tandis qu'elle se rafraîchissait, je lui posai activement des questions sur les événements des deux dernières semaines.

Madame Guix , une femme d'un peu plus de trente ans, était originaire de Choisy -le- Roi (la ville du célèbre Rouget de l'Isle). *Mercière* de métier, à la mort de son mari et de son bébé, elle avait adopté la carrière d' *infirmière* , et au début de la guerre se trouvait en possession de son diplôme et prête à servir. Elle s'était enrôlée dans le grand hôpital militaire que sa ville natale avait installé dans l'école, et pendant trois longues semaines elle était restée assise à attendre quelque chose à faire.

"Il n'y a pas de blessés là-bas ?"

"Pas quand je suis parti."

"Avez-vous déjà eu l'occasion de soigner un soldat ?"

"Oui, bien sûr. Quatre jours après la déclaration, lorsque les quarante-neuvièmes territoriaux passèrent par Choisy pour leur marche forcée vers le front, nous fûmes soudain remplis de cas de congestion. Vous voyez, ce régiment est composé d'hommes pour la plupart de plus de quarante ans. , et avec la chaleur, leurs fusils et leurs sacs, et peu habitués à une telle vie, beaucoup d'entre eux ne supportaient pas la tension. Mon premier patient était un petit homme triste nommé Bouteron .

" Bouteron ? Quel Bouteron ? "

"Marcel Bouteron ."

"Non!"

"Pourquoi?"

"Est-il mort?"

"Non."

J'ai respiré à nouveau. Dieu merci! Bouteron , Bouteron , notre Jolly petit Bouteron , la gaieté même, qui il y a trois semaines était la vie et l'âme de notre dernière fête à la maison ! Était-ce possible ? Déjà « à terre ! » Et dire que cette étrange femme devrait m'apporter la nouvelle. J'ai rapproché ma chaise de Mme Guix et pendant deux longues heures nous avons causé, comme seules les femmes peuvent le faire.

Depuis Choisy, elle avait cherché à mieux exercer son *métier* en se rapprochant du front, elle s'était donc adressée à Mme Macherez à Soissons. De là, elle m'avait été envoyée. Pensait-elle qu'il était possible de soigner les blessés dans notre hôpital ? Nous étions si loin au sud.

Elle était convaincue que nous ne resterions pas vides longtemps. Des combats sanglants se livraient depuis l'Alsace dans tout le Nord. Le territoire belge a été violé et Liège se défend héroïquement.

Mais notre médecin et les produits pharmaceutiques ? D'où et quand arriveraient-ils ? La nourriture et la literie seraient très utiles, mais elles suffisaient à peine pour ouvrir un hôpital !

Nous devions compter sur Mme Macherez pour l'un et l'autre. Elle avait promis de faire tout son possible pour nous apporter nos provisions, mais les règles de circulation sur les routes étaient si strictes que même les véhicules de ravitaillement de la Croix-Rouge devaient faire la queue et attendre les autorisations. En attendant, il faut s'organiser du mieux qu'on peut.

Le lendemain matin, quelques instants de conversation me prouvèrent que la compétence de Madame Guix dépassait largement les limites de son *métier* . C'était une travailleuse remarquable, et aucune tâche n'était trop difficile, tant qu'elle servait notre objectif, à savoir celui d'être prêt en cas d'urgence.

A midi, nous avions décidé qu'il serait inutile de compter sur mes domestiques pour nous aider à l'hôpital. Ils avaient déjà tout ce qu'ils pouvaient faire. Alors je suis allé demander à notre maire s'il connaissait des femmes qui, *de bonne volonté* , viendraient nous aider. Madame Guix se portait volontaire pour leur apprendre les rudiments du pansement entre deux et cinq heures les après-midi suivants, et nous établirions un *roulement* pour que le peu de temps dont chacun disposait soit utilisé à bon escient et efficacement.

Le tambour a battu et fait l'annonce, et à deux heures du même après-midi nous avons eu la satisfaction d'accueillir une vingtaine de femmes. Entre-temps, chaque morceau de vieux linge que je possédais était descendu et posé sur la table de la salle à manger, puis mesuré et déchiré en *formes. rglementaires* prêts à être stérilisés et mis de côté. Une demi-douzaine de bandes furent laissées de côté comme modèles et c'est par elles que Madame Guix commença ses démonstrations. Elle mit bientôt ses auditeurs à l'aise, et bientôt tous furent impatients de s'essayer au pansement. La maladresse naïve de ces pauvres âmes était extrêmement pathétique, mais leur patriotisme était tel qu'ils ne se considéraient jamais ridicules un seul instant et restaient là à tâter les longs rouleaux de lin avec des bandes qui étaient des mains plus habituées à manier une bêche ou à diriger une charrue. . Ils recommençaient sans cesse certains procédés difficiles, jouant à tour de rôle le mannequin et offrant comme modèles des mollets et des biceps dont bien des athlètes auraient pu être fiers.

Sur la vingtaine de femmes, seules deux ou trois acquéraient réellement une certaine facilité, mais nous considérions cela suffisant, car en cas de besoin, les autres pouvaient facilement être mises au travail sur des tâches nécessaires qui étaient de moindre importance vitale.

Depuis les fenêtres de la salle à manger où se déroulait le *cours*, nous pouvions regarder vers l'allée et voir tous les enfants du quartier debout sur le mur des douves, tendant le cou dans l'espoir d'apercevoir ce qui se passait. au château. C'était évidemment une diversion intéressante, car chaque après-midi, ils réapparaissaient, malgré les menaces de George d'appeler les *gendarmes* . Les petits démons semblaient savoir que les gendarmes étaient trop occupés pour leur prêter attention, et je vous assure qu'ils profitèrent de leur liberté. Le petit Jean Poupard et son frère de cinq ans étaient les chefs de la bande, et je tremblais qu'un jour leur curiosité n'aboutisse à une fin tragique !

Mes craintes n'étaient pas vaines, car un après midi nous entendîmes un cri et un clapotis, suivis de cris de terreur, et nous savions avec certitude que quelqu'un était tombé dans les douves. Le remblai n'a pas huit pieds de haut, et à cette époque de l'année il y a plus de boue que d'eau dans la rivière, aussi j'étais sûr que celui qui était tombé ne risquait pas de se noyer ; mais néanmoins je me suis hâté avec les autres vers le place.

George, qui avait également entendu le bruit, arriva sur les lieux de l'action avant nous, et à notre arrivée nous le trouvâmes jusqu'aux genoux dans la boue, se préparant à hisser un petit corps mou sur la berge.

Johnny Poupard !

"Bonté divine!" pensai-je. " Décidément, cette famille n'avait pas l'intention de laisser le village se dégrader faute de situations dramatiques ! "

"Il s'est simplement évanoui; plus effrayé que blessé", déclara Mme Guix , qui s'était littéralement jetée sur lui. "Eh bien, mesdames", dit-elle en se tournant vers les femmes qui nous regardaient bouche bée, "eh bien, voici une magnifique occasion de vous distinguer."

C'est ainsi que le petit Jean Poupard fut transporté à l'infirmerie. En tant que premier patient, vous pouvez être sûr de recevoir toutes les attentions. De l'ammoniaque était retenue sous son nez. Cela le ramena bientôt et après avoir soigneusement sondé tous ses os, Madame Guix décida qu'il n'y avait pas de fractures. Et le pansement a commencé !

Cela me fait sourire quand je pense à tout cela maintenant - car les seules blessures que Johnny possédait étaient quelques égratignures aux bandes, aux genoux et à la tête, causées par son contact soudain avec un champ d'orties qui avait poussé sur les berges de la rivière.

Dans des circonstances normales, l'enfant se serait probablement relevé et rentrerait chez lui à pied, oubliant ses malheurs une heure plus tard. Mais les vrais modèles vivants qui souffrent réellement sont rares, surtout dans les "cours" comme le nôtre, et la quantité de compétences professionnelles dépensées pour ce petit gamin aurait dû en guérir six de son espèce. Mais tout cela a rendu les femmes si heureuses !

Au bout d'une demi-heure, Johnny Poupard ressemblait plus à une momie égyptienne qu'à un être humain, à tel point que lorsque sa grand-mère arriva sur les lieux de l'action, elle faillit s'évanouir et devint presque la patiente numéro deux de l'hôpital auxiliaire No. . 7!

Nous avons eu un peu de mal à la rassurer, mais quand son petit-fils prodigue s'est levé et a demandé du pain et de la confiture, elle a oublié son inquiétude et s'est mise à le gronder d'avoir osé lui faire tant de frayeur et à nous donner tant de peine.

* * * *

Vers la fin de la troisième semaine d'août, la mobilisation fut considérée comme terminée et le chemin de fer de l'Est fut de nouveau ouvert au public ; ses horaires étant bien entendu limités et sujets à changement instantané, l'entreprise refusant d'être responsable des retards. Pour nous, au château, cela signifiait très peu, sinon que nous recevrions plus fréquemment notre courrier et les quotidiens. Cependant plusieurs amis, qui me croyaient en danger, seul et si loin de la capitale, se risquèrent gentiment à se rendre à Villiers pour essayer de me persuader de venir en ville. Il leur fallut sept heures pour atteindre Meaux (à trente milles de Paris) ; ils étaient obligés de dormir là parce que c'était parce qu'on annonçait que leur train n'allait pas plus loin — et, pire que tout, ils mettaient dix-huit heures pour rentrer chez eux.

" Où les gens ne sont-ils pas furieux ?" J'ai interrogé, quand ensuite ils m'ont raconté leur aventure.

"Pas du tout. Chacun l'a patiemment supporté dans le cadre de son hommage à son pays. 'L'armée d'abord' était leur devise."

Le premier lot de courrier m'apportait un certain nombre de lettres périmées, arrivées et retenues à Paris depuis trois semaines. Des invitations à une fête à la maison en Belgique et des choses de ce genre qui semblaient si étrangement déplacées maintenant. Mais les deux documents les plus importants provenaient, l'un de ma cousine Marie Huard (supérieure du couvent de l'Enfant Jésus à Madrid) et l'autre d'Elizabeth Gauthier.

Ma cousine s'était chargée de localiser et de communiquer avec tous les membres de la famille Huard appelés aux armes (et ils sont nombreux, quand on sait que H. n'a pas moins de douze oncles mariés !) et elle m'a joint une sorte de carte, ou arbre généalogique, indiquant les noms, âges, régiments, etc., d'une cinquantaine de cousins, me priant de leur écrire et de les encourager de temps en temps.

La lettre d'Elizabeth Gauthier était bordée de noir et je tremblai en l'ouvrant. Elle était seule à Paris et pleurait la perte de son frère aîné, tué à la bataille de Mulhouse, le 9 août. Sa solitude la tourmente et elle annonce son départ pour le château de sa sœur en Bourgogne.

C'était la première vraie tristesse que la guerre m'apportait jusqu'à présent. Cela m'a vraiment bouleversé, car Jean Bernard était non seulement un ami charmant, mais l'un des ingénieurs les plus prometteurs de la jeune génération de France. La famille, les amis et le pays pourraient bien déplorer une telle perte.

Même la fabrication et le hissement d'un immense drapeau de la Croix-Rouge au-dessus du château n'ont pas réussi à éveiller mon enthousiasme toute la journée. Le coup était trop cruel et avait stimulé des peurs qui jusque-là dormaient en moi.

Le lendemain, cependant, je n'eus pas le droit de ruminer mon chagrin, car Yvonne (elle de la ferme avicole) tomba malade d'une grave crise de sciatique, qui la maintint dans son lit, chaque mouvement produisant un cri d'agonie.

Bien sûr, Madame Guix était là pour donner un coup de main, mais cela ne changeait guère la situation, alors j'ai été obligé de demander aux garçons de donner un nouveau coup de pouce et d'essayer d'être à la hauteur du travail. Lléon a accepté avec un tel empressement que pour la première fois je me suis rendu compte qu'il avait peut-être un faible pour ma jolie petite fille à l'oie, et cette idylle insoupçonnée, mêlée aux joies et aux angoisses du moment, me semblait d'autant plus charmant.

Pour comble de malheur, le vieux César s'était enfoncé un clou dans le sabot et Mme Guix passait le plus clair de son temps entre les injections d'oxygène au premier étage et les cataplasmes d'iode et de lin dans les écuries. Cela signifiait bien sûr que toutes les courses en dehors du village devaient être faites à vélo, et George était « mis en service ». Le 27, vers midi, il fit son premier voyage de retour depuis Charly , apportant le courrier et les papiers, et un visage très excité.

"Madame, j'en ai vu un !" a-t-il crié alors que j'apparaissais dans l'embrasure de la porte.

"Vu quoi ?"

" *Un casque à point !* "

"Un quoi!"

"Oui, un casque pointu. J'étais près de la poste à Charly quand une longue file d'automobiles est passée sur la route de Paris. J'ai reconnu l'uniforme belge, et un des soldats s'est penché et a brandi un casque allemand ! Quel trophée !"

"Les Belges ! Que diable font-ils ici ?" pensai-je. Et George devina ma question.

"Oh," continua-t-il, "vous voyez que leur régiment a été coupé en deux par les Allemands à Charleville et que ceux qui ont réussi à s'échapper ont réussi à se procurer des moteurs et sont en train de rentrer chez eux, par un détour vers Anvers via le Havre. L'hôtelier " Elle l'a dit. Elle a offert du vin à un moteur plein qui s'est arrêté. "

Si c'était vrai, c'était une nouvelle incroyable ! Les choses n'allaient alors pas aussi bien que le laissaient supposer les journaux désormais très réticents. Mais tout cela me paraissait si lointain que je refusais de m'inquiéter.

Cependant, j'étais sur le point de retrouver Madame Guix et de lui raconter ce que George avait rapporté, lorsqu'un spectacle amusant attira mon attention.

Depuis sa fenêtre ouverte, vers laquelle elle avait demandé qu'on pousse son lit
,
Yvonne s'amusait à appeler ses canetons.

" Bour-ree ... bour-ree ! "

Alors, de la cour de ferme, à deux cents mètres de là, surgissait la réponse : « Coin ! Coin ! Coin !

Grands et petits reconnurent l'appel de leur petite maîtresse et s'empressèrent d'y répondre.

" Bourée-bour-ré-bourée !" appelait Yvonne encore et encore.

Évidemment, les canards ont décidé de tenir une consultation et d'envoyer des délégués voir ce qui empêchait leur amie de s'occuper d'eux en personne puisqu'ils pouvaient entendre sa voix. Car tandis que je regardais à travers la pelouse vers la porte, imaginez ma surprise en apercevant une trentaine ou une quarantaine de canards rouenais de toutes tailles se dandinant dans les marches et dans le vestibule.

" Bour-ree , bourée ! " Yvonne a continué.

"Coin, coin, coin !" fut la réponse, et quand j'atteignis le hall d'entrée, je les trouvai tous regroupés au pied de l'escalier, leurs perles penchées d'un côté, attendant une décision de leur drake avant d'entreprendre de monter l'escalier de marbre.

Le même après-midi, la *cour d'infirmières* se transporta sur la pelouse devant le château. Il faisait trop beau pour rester à l'intérieur. Les manifestations étaient terminées et la plupart des femmes s'étaient retirées, lorsqu'une de celles qui restaient leva le doigt et demanda le silence. « Écoutez, dit-elle, le canon ! Elle n'avait pas besoin d'aller plus loin. En moins d'une seconde, nous tendions l'oreille vers l'est !

"Là!" dit-elle, "ça recommence !"

Trois d'entre nous avaient entendu un bruit qui ressemblait étrangement à un claquement de bouchon à très grande distance. En me souvenant des histoires indiennes de ma grand-mère, je m'étendis sur l'herbe, l'oreille collée au sol. Cette fois, j'entendis le roulement si distinctement que mon visage dut changer, car deux des femmes frissonnèrent et prirent précipitamment congé.

En une seconde, je devinai qu'ils allaient annoncer la nouvelle ; je m'en moquai en déclarant que ce devait être l'essai de quelque artillerie lourde à Châlons ; mais lorsque Madame Guix et moi nous trouvâmes seuls, nous nous regardâmes avec des points d'interrogation dans les yeux.

Nous pensions à notre hôpital, à nos provisions, à notre parfaite inutilité si Soissons ne pouvait encore nous atteindre — et je résolus de descendre chez l'apothicaire de Charly pour voir ce qu'on pouvait faire. Le lendemain matin, samedi 29, je me rendis chez Charly et là je parvins à mendier les éléments d'une infirmerie rudimentaire auprès du vieux pharmacien, qui devait me prendre pour un fou. Du coton absorbant que je pus me procurer en petits paquets roulés chez le drapier, et promettant de faire descendre les garçons dans l'après-midi avec une petite charrette de bande, je rentrai chez moi, sans avoir rien observé d'anormal si ce n'est le passage fréquent des automobiles vers Paris - tout allant à toute vitesse et chargé des occupants et des bagages les plus étranges.

A mon retour, une grande agitation régnait autour de notre portail, car une automobile particulière contenant des blessés s'était arrêtée à l'aperçu de notre drapeau de la Croix-Rouge, et Madame Guix les accueillit.

C'étaient *des petits bénis* , tous capables de voyager, souffrant probablement plus de la chaleur et des privations que de leurs blessures. Ils n'avaient pas l'ordre de s'arrêter, mais espéraient que nous les laisserions se reposer un peu avant d'aller plus loin – et pourrions-nous leur donner à manger ?

Tout cela était très heureux compte tenu de notre situation précaire et nous avons volontiers fait de notre mieux. Il y avait six pauvres gens appartenant à des régiments différents, mais tous si fatigués qu'il semblait cruel de les empêcher de se reposer en les harcelant de questions. Nous pourrions le faire plus tard.

Les gars étaient à peine allongés qu'un autre moteur s'arrêta devant le portail. Celui-ci contenait, outre trois soldats, un jeune officier le bras en écharpe, et il demandait si nous pouvions leur donner de l'eau. Léon leur dit qu'ils seraient les bienvenus s'ils voulaient bien venir se reposer : il y avait déjà une demi-douzaine de blessés endormis dans la maison. A ces mots le lieutenant sauta à terre et demanda le *médecin -chef* . Il fut un peu surpris lorsque je parus et lui dit qu'il n'y avait pas encore d'autorité militaire installée au château.

"Alors je dois assumer toute la responsabilité des hommes", dit-il très gentiment mais fermement. "Je suis désolé, mais ils ne peuvent pas rester ici. Je dois les livrer sains et saufs dans un grand centre en dehors de la zone d'opérations."

L'heure des questions était venue et j'appris avec stupéfaction que Liège était tombée, que la Belgique était envahie et que de durs combats se déroulaient à Saint-Quentin, à quatre-vingts milles de là. « Le canon d'hier n'était pas un exercice de tir sur cible », pensai-je. Les hommes semblaient tous si pleins d'espoir, cependant, que nous n'avons jamais ressenti de scrupule.

"Comme vous voudrez, Monsieur", dis-je, et les garçons fatigués furent réveillés et précipités avant que nous ayons eu le temps de demander des noms, des adresses ou d'autres détails.

Tout cela s'était passé si vite que nous n'avions pas eu le temps d'appeler nos assistants, et bientôt Madame Guix et moi nous trouvâmes seuls dans le vestibule vide.

IV

Il ne s'est rien passé d'autre cet après-midi-là. Le cours de Mme Guix se poursuivit comme d'habitude, avec peut-être un peu plus d'animation dans la conversation, et beaucoup de spéculations sur le moment et le lieu où ceux qui s'étaient arrêtés au château avaient été blessés. Personne ne le savait vraiment. A vrai dire, bien que plus tard Madame Guix et moi le leur ayons demandé, les soldats eux-mêmes n'avaient qu'une idée très vague de l'heure, de la date et du lieu.

Cette nuit-là, je fus réveillé par le grondement sourd de lourdes charrettes sur la route devant le château. Pensant que c'était peut-être de l'artillerie en route vers le front, j'enfilai ma robe de chambre et allai jusqu'à la porte. Là, dans le pâle clair de lune, je vis un long flot de voitures et de chariots de toutes sortes remplis d'articles ménagers et remplis de femmes et d'enfants. Les hommes marchaient à côté des chevaux pour éviter les collisions, car à perte de vue, le lamentable *cortège* descendait la colline.

Qu'est-ce que cela signifiait ?

"Qui es-tu?" J'ai appelé l'un des hommes alors qu'ils passaient.

"Belges, réfugiés."

Réfugiés! Mon esprit est revenu aux descriptions de la Révolution française et du règne de la terreur, lorsque tant de gens ont fui pour sauver leur vie ! Quelle absurdité! N'étions-nous pas au XXe siècle ? N'y avait-il pas un Palais de la Paix à La Haye ? Mes pensées sont devenues confuses.

En ouvrant la porte, je suis sorti et j'ai abordé un autre homme.

"Tu ne veux pas entrer et te reposer ?"

"Non, nous ne pouvons pas. Nous devons parcourir nos trente kilomètres avant l'aube et nous reposer pendant la chaleur du jour."

"Mais pourquoi quittes-tu la maison ?"

"Parce que les sauvages nous ont brûlés !"

Bah, cet homme doit rêver !

Je me retournai et m'adressai à un autre :

"Qu'est-ce qui te presse ?" j'ai demandé

"Ils sont à nos trousses !" vint la réponse.

Celui-ci était sûrement plus fou que l'autre !

Un troisième ne daignait pas répondre, marchant d'un pas ferme en avant, les yeux fixés sur la route devant lui.

Au sommet d'un chariot de ferme à moitié rempli de laurier, j'ai vu la forme prostrée d'une femme avec deux autres personnes agenouillées à côté d'elle pour répondre à ses besoins. Dans le piège qui a suivi se trouvait le groupe de vieillards et de femmes d'âge moyen le plus triste que j'aie jamais espéré voir. Tout le monde sanglotait. A côté d'eux, deux grands garçons montaient à vélo. J'en ai arrêté un.

"Quel est le problème avec elle?" Ai-je demandé en désignant la femme sur le chariot.

"Elle est folle."

"?"

"Oui, elle a perdu la tête."

"Comment, quand, où ?"

"Il y a deux jours, lorsque nous avons quitté X. (J'ai beau essayer, je ne me souviens pas du nom de la petite ville belge qui soit mentionnée.) Elle était malade, alitée, avec de la fièvre lorsque les Allemands ont incendié l'endroit - nous donnant à peine Il était temps de la hisser dans la charrette. Son mari s'attardait derrière pour rassembler quelques affaires. Malgré nos efforts, elle se levait sur la charrette et tout à coup nous avons entendu une explosion et elle a vu sa maison prendre feu. " Nous avons attendu une heure dehors dans les bois, mais son mari n'est jamais venu. C'est peut-être aussi bien, car quand elle s'est réveillée, son esprit était vide ! "

Dieux! Je me suis frotté les yeux. Il n'était pas possible que tout cela soit vrai ! J'étais endormi! Ce n'était qu'un horrible cauchemar. Mais non : les charrettes roulaient dans le pâle clair de lune, portant leurs lourds fardeaux de misère humaine.

C'était plus que je ne pouvais supporter. Toute pensée de sommeil avait disparu, alors j'allai réveiller Madame Guix . Nous nous habillons et descendons à la cuisine où, avec quelques braises fumantes, nous parvenons bientôt à allumer un bon feu. L'eau fut mise à bouillir et, en une demi-heure, nous transportâmes jusqu'au pont deux énormes seaux de café chaud, un seau d'eau froide et un de vin. Personne n'a refusé nos offrandes, et les chaleureux « Que Dieu vous bénisse » de ces âmes bienveillantes nous ont fait monter les larmes aux yeux plus d'une fois.

L'aube du lundi 31 août nous trouva toujours à nos postes. J'ai sonné la cloche de la ferme, j'ai rassemblé mes domestiques et je leur ai dit que nous abandonnerions tous les travaux agricoles, sauf les plus nécessaires, et que nous répondrions aux besoins des réfugiés. À huit heures, ils avaient épluché et préparé suffisamment de légumes pour remplir deux énormes marmites en cuivre, et la soupe était mise à bouillir. Et pourtant, la longue file de véhicules lourds se succédait sur la route : camions de déménagement, wagons de livraison, énormes camions et même de petites charrettes à trois roues tirées par des chiens, roulaient vers le sud.

Lorsqu'on leur demandait où ils allaient, la plupart des gens répondaient : « Droit devant nous, *à la grâce de Dieu* ».

Au matin, la chaleur était devenue intolérable et un homme à l'air splendide descendit d'une charrette et vint vers moi. Pourrait-il amener sa fête dans l'allée et se reposer un peu à l'ombre ?

Je n'étais que trop disposé et j'offrais volontiers de la soupe chaude et des compotes à tous ceux qui acceptaient.

Deux longs et lourds chariots tirés chacun par une paire des plus beaux grands chevaux bai à crinière crème que j'ai jamais vu, arrêtés dans la cour. Des sièges improvisés avaient été disposés dans les wagons et de ceux-ci descendaient une vingtaine ou une trentaine de vieilles femmes, enfants et hommes, épuisés par la fatigue, l'anxiété et le manque de sommeil. Mon cœur leur allait et, dans un moment de générosité, j'allais leur offrir mes lits pour qu'ils puissent se reposer avant de repartir, mais à la réflexion, je me suis rendu compte qu'il fallait les garder pour l'armée ! Quelle jolie chose ce serait si une autre voiture pleine de blessés apparaissait soudainement et trouvait toutes mes protections occupées !

J'ai expliqué ma position. Ils l'ont tout de suite compris. C'était trop bien de ma part. Ils allaient tous bien et n'avaient pas besoin de lits. Les laisserais-je dormir dans la baie pendant quelques heures ?

Mais mieux encore, ai-je suggéré, si les garçons pouvaient transporter une douzaine de matelas supplémentaires que je possédais dans la salle des harnais, les femmes pourraient s'y allonger et les hommes pourraient aller au foin.

Ils avaient de la nourriture, en abondance, achetée en chemin chez des marchands du village qui n'avaient pas encore été pris de panique et fermé boutique. Je leur ai donc dit qu'au lieu d'allumer des feux individuels, ils pourraient préparer leur repas de midi sur mon immense cuisinière. Ils pourraient également utiliser mes ustensiles de cuisine et ma vaisselle s'ils voulaient faire la vaisselle, et ainsi éviter de déballer les leurs. Apparemment c'était une générosité inouïe et je ne saurais vous dire combien de fois ce matin-là mon âme fut recommandée à la tendre protection de la Sainte Vierge.

Pendant que les femmes préparaient le repas, Georges avait emmené les hommes au lavoir, où l'eau et le savon faisaient des miracles sur leurs visages poussiéreux ; un à un, tous les membres du groupe disparurent dans cette direction et lorsqu'ils se rassemblèrent autour de la longue table du réfectoire, c'était une tout autre compagnie qu'une heure auparavant.

Alors qu'ils s'asseyaient, je me suis rendu compte qu'aucun de nous n'avait mangé depuis la veille et, me laissant tomber sur une chaise, j'ai soudain réalisé que j'étais fatigué. Berthe et Nini voulaient cependant savoir où je déjeunerais et furent un peu surprises lorsque je leur dis de poser un torchon sur la table de la cuisine et de sortir toute la charcuterie, le fromage, le pain, le beurre et la confiture du garde-manger. Ce serait aujourd'hui un pique-nique pour tout le monde, et qui plus est, il s'agirait très probablement d'un dîner pique-nique ; Julie reçut donc l'ordre de mettre deux poulets à rôtir et quelques pommes de terre à bouillir : tous deux nécessitaient peu d' attention et seraient toujours prêts quand nous en aurions besoin.

Le repas s'est déroulé en silence dans les deux salles, et la « vaisselle » a été faite en un rien de temps. Puis, comme ils se retiraient tous pour faire leur sieste, l'homme qui m'avait demandé le premier s'ils pouvaient entrer au château, et qui semblait être le chef de la fête, entra dans la cuisine et, son chapeau à la main, me demanda un mot ou un mot. donc avec moi.

Il était venu non seulement pour exprimer la gratitude de ses compatriotes, mais aussi son étonnement que j'accueille si cordialement des étrangers. J'ai essayé de détourner la conversation, ce qui était très embarrassant, mais il n'a rien entendu.

"Nous ne sommes pas des gitans, vous savez, Madame." J'ai souri et lui ai dit que c'était plus qu'évident. "Regardez nos chevaux et nos chiens !" Et le bonhomme me fit savoir qu'il était le gardien d'un grand domaine qui appartenait à Madame Pyrme (sœur du sénateur de ce nom), situé dans le petit village de Hanzinell , en Belgique. Il m'a même proposé de montrer ses papiers, mais j'ai secoué la tête. Sa sincérité à cœur ouvert et son visage franc suffisaient.

Mais pourquoi étaient-ils partis ? C'est ce qui m'intéressait.

Parce que leur pays a été envahi et qu'un par un, les villes et les villages ont été bombardés, pillés et incendiés jusqu'à ce qu'il ne reste plus rien, voire presque rien. Parce que tous les hommes de moins de cinquante ans étaient emmenés comme otages ou prisonniers ; parce qu'il avait vu des petits enfants tués et des jeunes filles torturées ; car tout valait mieux que de tomber impuissant entre les mains d'un tel ennemi.

"Madame, à Charleroi j'ai vu le sang couler dans les gouttières comme la pluie après un orage et cela il n'y a pas huit jours !"

Il était impossible de ne pas le croire. Son œil n'était pas celui d'un lâche. Il raconta son histoire simplement ; il était presque réticent, et je devais même parfois l'encourager à lui faire finir une phrase. Finalement, je lui ai demandé où il comptait aller et pourquoi si loin. Ne pensait-il pas qu'il était en sécurité ici ?

Non, *jamais !* Hier, dans la nuit, ils avaient entendu le canon se rapprocher de plus en plus. Ils connaissaient le son. Les Allemands avançaient. C'était Paris qu'ils voulaient et rien ne les arrêterait jusqu'à ce qu'ils atteignent leur objectif.

« Sauf l'armée française », dis-je avec fierté.

"Dieu vous accorde de dire la vérité, Madame !" Mais en attendant, il semblait considérer qu'on était bien plus en sécurité sur le chemin d'une gigantesque faucheuse que sur le chemin de l'armée allemande. Il était venu me dire la vérité et me prévenir que je devais me préparer à partir.

" Vous êtes ici impuissante, Madame. Trois femmes, trois petites filles et deux garçons ! C'est tenter le destin. "

Cependant, je n'arrivais pas à voir les choses à sa façon. Ces journaux, bien que très mystérieux, ne nous avaient donné aucune raison de nous alarmer. Nous n'avions pas encore vu un seul soldat. S'il était vrai que les Français reculaient, nous partirions dès que l'armée apparaîtrait. Ce serait assez de temps.

"Eh bien, mon brave," dis-je d'un ton rassurant, "si les Allemands arrivent un jour ici, Paris est condamné — et la guerre sera finie !"

"Peut-être-"

"D'ailleurs, je ne peux pas y aller. J'ai un hôpital entre les mains, même si les blessés manquent. N'avez-vous pas vu notre drapeau de la Croix-Rouge ? Et si cela ne suffit pas, je peux prouver que je suis un Américain né. Cela devrait être une protection suffisante pour n'importe qui ! »

Je dois avouer que le sourire incrédule qui monta sur ses lèvres m'irrita un peu, et je cherchai encore une autre excuse.

" D'ailleurs, une de mes petites servantes est trop malade pour bouger, et je ne nous vois pas repartir les bras croisés, et c'est ce qui arriverait si je suivais vos conseils, car le seul cheval que m'a laissé l'Armée a plus de vingt ans. et tellement boiteux qu'il ne peut pas faire deux pas, s'il avait pu, j'aurais dû le présenter à la deuxième inspection à Château Thierry mercredi.

Le pauvre garçon secoua la tête devant mon apparente témérité, mais il était trop poli pour argumenter davantage. Il m'a dit que son groupe partirait dans une heure et m'a demandé si je possédais une feuille de route qu'il pourrait consulter. Je lui ai montré avec plaisir celui que nous avions acheté avec H.

le jour de notre voyage précipité depuis Paris, épinglé depuis au mur du réfectoire. J'ai remarqué qu'il l'étudiait très attentivement, notant tous les petits détours où il pensait que ses camions pouvaient passer, et ainsi éviter de suivre en file derrière les milliers d'autres véhicules qui encombraient les routes principales.

Il m'a encore remercié pour tout ce que j'avais fait, a caressé mes beaux lévriers et m'a laissé sa carte pour que nous puissions nous revoir quand tout serait fini. Plus tard, quand je suis entré dans la cour, j'ai entendu quelqu'un dans l'écurie avec George, et en regardant à l'intérieur, j'ai vu mon ami de quelques instants avant d'examiner le sabot de mon cheval et de dire à mon garçon ce qui ferait guérir rapidement la plaie. Il devait faire de son mieux pour moi !

À cinq heures, les écuries et le terrain étaient vides et nos amis partis. Hanzinell avait rejoint la colonne qui s'était un peu relâchée pendant la chaleur du jour, mais qui avait redoublé de volume depuis que le soleil était passé derrière les collines.

Nous avons eu un moment de répit, pendant lequel nous avons consacré toute notre attention à Yvonne, qui se tordait de douleur sur son lit à côté de ma chambre. Depuis trois jours, Mme Guix lui administrait de légères doses de morphine, mais ce traitement ne pouvait pas durer très longtemps. Les poches d'eau, les frictions et les massages s'étant révélés inefficaces contre la sciatique, nous décidâmes d'essayer un bain chaud, avec pour résultat que notre patient fut presque immédiatement soulagé mais trop faible pour supporter la chaleur. Elle s'est évanouie dans la baignoire et a dû être ramenée au lit. Nous étions encore en train de travailler sur elle lorsque Nini est apparue et m'a dit que j'étais recherchée ci-dessous. Lorsque les cils d'Yvonne se mirent à battre, je quittai Madame Guix et regagnai la cuisine, devenue aujourd'hui le quartier général.

Encore des réfugiés ! Est-ce que je les laisserais entrer ? Ils voyageaient sans carte ni guide et n'osaient pas s'aventurer sur les routes la nuit.

Bien sûr, ils furent les bienvenus, et la même hospitalité qui avait accueilli les réfugiés de Hanzinell fut offerte à ceux de Thuilly - tout le village était là ! - maire, curé, forgeron et boulanger, tous accompagnés de différents membres de leur famille immédiate, conduits de chez eux par les cruels envahisseurs. Terrifiés par les horreurs dont ils avaient été témoins, épuisés par leur périlleux voyage, ils étaient peu enclins à parler ; et quant à moi, j'étais si occupé, si préoccupé et si dépensé, que la curiosité était oubliée. Il y avait là des gens qui avaient besoin du confort que je pouvais leur offrir. J'ai donné et je n'ai posé aucune question.

Ce qui était le plus évident à présent, c'était que les rations étaient plus courtes parmi ce groupe que parmi ceux qui s'étaient arrêtés le matin, et certainement pas à cause du manque de fonds. Tous avaient de l'argent, de l'or en abondance.

Ils avaient trouvé moins à acheter, *voilà tout* . Ils acceptèrent volontiers la soupe aux légumes, le ragoût de lapin et les fruits cuits que nous avions préparés mais insistèrent pour payer leurs portions, ce que bien sûr je refusai, à leur grand désarroi, et je suis sûr que les domestiques furent bien récompensés pour leur peine.

Et quels étaient leurs projets ? Aller le plus au sud possible. Peut-être qu'ils finiraient par passer par le Maroc ou le Canada. Pourquoi pas? Tout le village était là, tous les hommes avaient leur métier. Ils coloniseraient, car il était inutile de penser à rentrer « chez soi ». Ils n'en possédaient plus, et qui pouvait le dire : la guerre pourrait durer un an ou plus ?

A cette affirmation, j'ai protesté. Une année? Jamais! Eh bien, les finances du pays ne pouvaient pas le supporter, et j'ai continué en racontant comment, alors qu'en Angleterre, lors de la crise d'Agadir, trois ans auparavant, j'avais entendu les autorités compétentes déclarer que trois mois était la limite même pour la durée des hostilités. ! Cela les réjouissait un peu, d'autant plus que j'annonçais l'avancée russe et que nous notions sur la carte la progression rapide du fameux « rouleau à vapeur » qui, s'il continuait comme il avait commencé, atteindrait certainement Berlin d'ici Noël ! (Je propose ces déclarations sans commentaire.)

Avant de se retirer, Mme Guix demanda s'il y en avait qui se sentaient le moins mal, car il valait mieux étouffer le mal dans l'œuf, et elle poussa joyeusement les plaies et les vésicules, baigna, poudra et pansa les pieds d'une douzaine d'hommes âgés et décrépits. et des jeunes enfants peu habitués à de telles marches forcées et incapables de prendre soin d'eux-mêmes, faute de temps et d'eau chaude ! À ce moment-là, je la sentais héroïque et je dois dire que j'admirais sa patience et son endurance, car les spectacles observés étaient tout sauf agréables. Pauvres âmes ! Et ils espéraient rejoindre Marseille à pied.

Le Kaiser et toute son armée auraient pu nous écraser avec des chaussures mal ferrées et nous n'aurions rien senti, tant nous avons dormi profondément pendant les deux premières heures après avoir touché nos lits. Cependant, à deux heures du matin (le premier septembre), il y avait beaucoup de mouvement dans les granges et les écuries, et mes chiens, qui étaient agités, ont commencé à gratter à ma porte pour être relâchés. Soucieuses que personne ne reparte sans une tasse de café chaud, Madame Guix et moi nous rendîmes à la cuisine dès l'aube, et une heure plus tard nous fîmes nos adieux à nos « logeurs d'un soir ». J'ai pensé à mon kodak et, alors que le soleil brillait à travers les nuages, j'ai pris une photo de mes invités qui partaient alors qu'ils tournaient au coin du château.

Ils se joignirent au flot d'autres charrettes que nous avions maintenant l'habitude de voir. En fait, cet exode général ne nous étonnait plus. Il semblait que la panique s'était répandue dans toute la Flandre comme une goutte d'huile sur une feuille de papier. Pour nous qui vivons en banlieue parisienne, la Belgique est si loin !

J'ai terminé mon film et je revenais vers la maison, lorsque deux filles à l'air très distinguées sont descendues de leur bicyclette et ont demandé leur chemin. Je les ai donnés avec plaisir et j'ai à mon tour risqué quelques questions.

Ils étaient de Saint-Quentin ! Cela m'a surpris. Ils étaient *en route* depuis deux jours. Ils n'avaient pas vu les Allemands, mais la ville avait été officiellement évacuée. Un homme à vélo les avait dépassés la veille et avait annoncé le bombardement et la destruction de leur ville natale ! Durs combats à La Fère

.

Saint Quentin ! Alors les Allemands étaient sur notre sol ! Les Belges avaient raison : ils avançaient visiblement rapidement. Mais pourquoi s'inquiéter ? Nous étions en sécurité tant que nous avions l'armée française entre nous et eux.

Pensant que la journée n'avait encore que quelques heures, j'étais fatigué. Cette activité d'hôtellerie à si grande échelle avec si peu d'aide commençait à peser sur mes forces. J'ai ouvert le portail et j'ai dit à George et Léon d'accueillir tous ceux qui souhaitaient entrer, puis me rendant à la cuisine, je me suis assis et j'ai commencé à aider les autres à préparer les légumes. La découverte que, malgré toute leur bonne volonté, les invités avaient nécessairement laissé de nombreuses traces de leur passage, me remit sur pied, et nous étions tous au travail lorsqu'un visage féminin hagard regarda par la fenêtre de la cuisine.

"Y a-t-il un médecin ici ?"

"Non mais-"

La femme fondit en larmes. Madame Guix et moi nous précipitâmes dans la cour. "Mon bébé, je n'arrive pas à le réchauffer", gémit la pauvre mère. "Elle n'a rien mangé depuis hier."

Et en étendant les bras, la femme nous montra un enfant qu'elle portait dans son tablier. C'était mort.

J'eus peine à vaincre mon émotion, mais Madame Guix prit dans ses bras le pauvre petit cadavre, et j'aidai la mère à s'asseoir dans un fauteuil au réfectoire.

Une tasse de café fort a redonné un peu de couleur à ses joues pâles et elle nous a dit qu'elle était de Charleville. Les Taubes avaient réussi leur sinistre œuvre auprès de la population civile, mais ils n'étaient que les précurseurs d'un autre bombardement plus intense. Les habitants s'étaient enfuis en tenue de nuit.

"Es-tu seul?"

"Oui, je ne suis pas originaire de Charleville. Mon mari et moi ne sommes mariés que depuis un an. Il est parti le 2 août et le bébé est né le 10. Elle n'a que trois semaines."

Pas étonnant que la mère ait eu l'air hagarde : cent cinquante milles à pied, avec un nouveau-né dans les bras, fuyant pour sauver sa vie devant les hordes barbares !

Je lui ai pressé une autre tasse de café avec une goutte de cognac. Elle nous a regardés tous les deux d'un air suppliant puis a bu.

« Votre mari était-il bon avec vous ? demanda madame Guix .

"Ah, oui, Madame."

"L'aimes-tu assez pour endurer un autre sacrifice comme une véritable épouse et mère que tu es ?"

"Oui."

Et puis nous lui avons dit que son bébé était parti – parti dans un pays plus lumineux où la guerre est inconnue. Elle nous regardait avec étonnement et, enfouissant sa tête dans son bras, sanglotait silencieusement mais avec soumission.

"Viens, viens, tu dois dormir... et quand tu seras reposé, nous t'aiderons à trouver une place dans une charrette qui t'emmènera chez tes parents."

Elle jeta un long regard affectueux à son premier-né et se laissa entraîner.

Tout ce que nous pouvions faire, c'était faire une déclaration officielle du décès à la mairie. Un petit drap de lin servait de linceul, une boîte à savon propre bordée de fleurs formait le cercueil de ce bébé, et Greorge et moi étions les fossoyeurs et les principaux pleureurs, qui déposaient le petit corps au repos dans le petit cimetière planté de vignes. La guerre l'a voulu ainsi.

En revenant du cimetière, j'ai trouvé un autre chargement de réfugiés installés dans la cour. Il s'agissait cette fois d'une hôtelière et de ses domestiques ardennaises. Ils avaient cependant prévu que la fuite était imminente et avaient soigneusement emballé la plus grande partie de leurs effets personnels et de leurs objets de valeur dans plusieurs wagons, en veillant à ce que tous soient bien équilibrés et correctement chargés de manière à supporter le maximum de poids sans fatiguer les chevaux. Ils avaient besoin de moins d'attention que les autres, car lorsque je leur expliquais que la maison leur appartenait, ils vaquaient à leur travail rapidement et silencieusement, ne gênant personne et répondant à tous les besoins de leur maîtresse, qui était assise dans son coupé et donnait ordres.

Plus tard, ils furent rejoints par les occupants de nombreux autres équipages, tous originaires du même district, mais avec lesquels j'avais peu de relations. Cependant, d'une pauvre femme, j'ai appris que ses deux filles, âgées de seize et dix-sept ans, avaient disparu de la fête depuis deux jours. Ils étaient dans la charrette avec le curé qui s'était arrêté pour abreuver son cheval, perdant ainsi sa place dans la file. Lorsqu'ils furent arrivés à l'endroit où la route bifurquait, quelle direction avait-il pris ? Que sont-ils devenus ? Elle a épinglé son nom et son itinéraire sur le mur du réfectoire, me suppliant de les leur donner s'ils demandaient pour elle. À ma connaissance, ils ne sont jamais passés.

Au déjeuner, Madame Guix annonça qu'Yvonne allait mieux. Loin d'être bien, mais mieux. Cela m'a soulagé de l'esprit.

La mère du pauvre petit enfant que nous avions enterré dormait paisiblement sur un lit de camp à l'hôpital, et bientôt Léon entra pour dire que le vieux César avait mis son sabot à terre pour la première fois depuis quatre jours. Bravo! Je me sentais très soulagé.

Et les charrettes roulaient toujours dans la vallée, leur bruit résonnant entre les collines. Aujourd'hui, il n'y avait pas de répit : dans la chaleur de midi, ils passaient en grondant, plus épais et plus rapides, me semblait-il.

« Dérangez-les ! » Je pensais. "Ils font tellement de bruit que nous ne pourrions pas entendre le canon s'il n'était qu'à un mile de distance." Et espérant que je pourrais peut-être chercher une certaine assurance dans ce son, j'étais sur le point de me diriger vers le point le plus élevé du parc pour écouter. Cependant, à la porte, je fus abordé par l'un des deux hommes qui, depuis plusieurs jours, entassait mon foin dans les greniers des écuries. Il a plaidé la maladie. Est-ce que je le paierais et le laisserais partir ? Il reviendrait demain et finirait s'il se sentait mieux.

Comme il n'y avait rien d'inhabituel dans sa demande, je réglai son compte et lui dis d'aller se reposer. Je sais maintenant qu'il était un espion allemand, et j'ai appris récemment qu'une quinzaine de jours plus tard, il avait été arrêté et fusillé à Villers-Cotterêts .

Je me demande ce qui m'a poussé à entreprendre cette longue et pénible ascension. Évidemment, j'ai découvert ce que je voulais savoir, mais la nouvelle était tout sauf rassurante. J'entendis le canon distinctement : si distinctement que j'en fus un peu énervé. Non seulement mes oreilles avaient capté le long roulement toujours régulier (déjà observé depuis trois jours) mais j'avais pu distinguer une différence dans le calibre de chaque pièce qui tirait, et à tout cela s'ajoutait un drôle de cliquetis, comme quand on traîne un bâton de bois le long d'une clôture en fer. *La Fère* présente une défense héroïque, pensai-je, parfaitement inconscient du fait qu'il est absolument impossible d'entendre un canon à cette distance, à la moitié, non, même au quart de cette distance. Jugez donc vous-mêmes quelle était sa proximité avec Villiers !

Depuis deux jours, le cours d'infirmière était abandonné, non par manque d'enthousiasme, mais parce que chaque ménagère avait plus que ce qu'elle pouvait faire à la maison. Le château n'était pas le seul endroit où faisaient halte les réfugiés, et tous les villageois avaient fait de leur mieux pour assurer le confort des voyageurs. De là où je me tenais, dominant les deux vallées, je voyais l'interminable file de charrettes sur tous les chemins à ma portée, et dans chaque cour de ferme ainsi que sur le côté des grands axes, des véhicules s'arrêtaient et de minces colonnes de une fumée bleue s'élevant vers le ciel, annonça que le repas du soir était en cours.

À cinq heures, la population de ma propre cour avait quadruplé. Les habitants de Saint-Quentin, Ternier , Chauny , chacun avec une histoire d'horreur et de tristesse, cherchèrent refuge pour la nuit. Madame Guix s'établit définitivement au dispensaire, et une file se formait comme devant les cliniques de ville, chacun attendant son tour, espérant qu'elle puisse soulager ses souffrances. Au crépuscule, une charrette s'est engagée dans l'allée et un homme aux cheveux gris a demandé si nous avions une civière sur laquelle transporter son fils jusqu'à la maison.

"Quel était le problème?" J'ai demandé.

"Une toux... une si mauvaise toux."

Je l'accompagnai vers le chariot, et j'y vis le triste spectacle d'un jeune homme aux derniers stades de la tuberculose. Mince au-delà de toute description, squelette vivant , le pauvre garçon tournait vers moi ses grands yeux vitreux en signe de supplication. J'ai écarté le père. Il valait mieux être franc. J'ai secoué la tête et j'ai dit qu'il serait inutile de déplacer son fils. Nous n'avions pas de médecin et sa maladie dépassait nos compétences. Couvrez-le bien et essayez d'atteindre une grande ville le plus rapidement possible.

Tandis que je me détournais, un robuste jeune homme me tapota doucement le bras, me demandant refuge pour son arrière-grand-mère, une femme de quatre-vingt-treize ans, qu'il avait portée sur son dos depuis Saint-Quentin. Un lit de camp dans l'entrée était tout ce que la prudence me permettait d'offrir, et c'était charmant de voir avec quelle tendresse le jeune homme portait la pauvre petite femme flétrie jusqu'à son lieu de repos. Elle était tellement abasourdie que je crains qu'elle ait à peine réalisé ce qui se passait, mais des larmes de gratitude coulèrent sur ses joues lorsque son garçon apparut avec un bol de soupe chaude, la persuadant de boire, comme une enfant, et finalement se pelotonnant sur le tapis à côté. son lit.

Cinq fois ce soir-là, la grande table du réfectoire fut entourée d'hommes et de femmes affamés ; cinq fois, j'ai servi de la soupe et des légumes à quarante personnes, et cinq fois nous avons tous aidé à faire la vaisselle. Alors quand tout fut enfin nettoyé, et que Madame Guix et moi tombâmes épuisés sur deux chaises de cuisine, il était déjà onze heures du soir.

Mon astucieuse nourrice m'apprit qu'elle avait arrangé le départ en charrette de la mère dont nous avions enterré le bébé, et je lui racontai à mon tour ma montée dans le parc et l'approche du canon. Il était évident que les Allemands se précipitaient vers nous, et rapidement. Quand nous regardions la carte et voyions les noms des villes, villages et villages dont les populations s'étaient succédées sur la route, il était clair que les Français devaient battre en retraite forcée, ou (et c'était peu probable) que la panique s'était répandue. si vite que tout le nord de la France se dirigeait désormais vers le sud pour une mission insensée. Nous écartons cette seconde hypothèse. Nous avions entendu trop d'histoires de malheur et vu trop de misère pour croire quoi que ce soit de pareil. Eh bien, et après ? Notre cas était simple : soit les Allemands seraient arrêtés avant qu'ils nous atteignent, soit l'armée française ferait son apparition, auquel cas il serait temps de repartir, à moins que nous soyons officiellement évacués avant ! Ayant adopté cette ligne de conduite simple, nous nous retirâmes, tout à fait satisfaits et nullement inquiets.

Dans l'aube fraîche et grise du mercredi 2 septembre, lorsque j'ouvris mes volets et regardai la petite place qui fait face au château, je fus stupéfait de voir que les réfugiés qui s'y étaient arrêtés étaient dans des charrettes et des chariots dont les signes étaient les plus visibles. familier. Ils venaient de Soissons !

"Bonjour, pensai-je, je vais aller voir ce qu'ils ont à dire ! Les choses doivent aller très mal si une grande ville comme Soissons prend brusquement la fuite." (Soissons n'est qu'à vingt milles de Villiers.) En descendant l'escalier, j'entendis le roulement du tambour, et Georges, qui parut alors avec le lait, annonça que la réquisition des chevaux qui aurait dû avoir lieu à Château-Thierry ce matin-là, a été reporté sine die. Ce n'était guère rassurant, d'autant plus que c'était la première nouvelle officielle que nous recevions depuis longtemps.

Nous étions si occupés à aider à partir ceux qui avaient dormi au château, que je n'eus pas le temps de mettre à exécution mes premières intentions, et quand enfin j'eus un moment, je regardai par la fenêtre et vis que mes amis de Soissons avaient disparu. Eux aussi : eh bien, eh bien !

Je n'ai pas été étonné ; en fait, je n'y ai prêté que peu d'attention. Nous avions pris nos résolutions la veille au soir et n'avions pas le temps de nous arrêter toutes les cinq minutes et de nous demander si nous avions raison ou tort. Mais à midi, lorsqu'une vieille paysanne m'a appelé par la fenêtre de la cuisine et m'a annoncé que tout Charly partait en toute hâte, je dois avouer que j'ai grimacé, mais seulement une seconde. Si j'avais écouté toutes les différentes rumeurs qui avaient circulé à l'étranger au cours de la semaine dernière, j'aurais alors été un sujet digne d'un asile d'aliénés !

Résolu, cependant, à aller au fond du problème, j'envoyai George à Charly (notre bourg, à six kilomètres de là) pour voir ce qu'il pourrait découvrir.
Il revint à vélo à l'heure du déjeuner, apportant avec lui les informations étonnantes suivantes.

L'hôtelier et sa femme, alarmés par l'arrivée des Soissonais , avaient pris leur auto et étaient partis vers cette ville en quête de nouvelles. Ils étaient revenus une heure plus tard, n'ayant pu passer Oulchy -le-Château, à quinze milles de Charly , où tous les ponts étaient coupés ou dynamités ! Ils préparaient leur départ.

— Et, continua Georges d'un ton excité, comme je passais devant la *gendarmerie,* le *brigadier* m'a appelé et m'a dit au revoir. Tous les *gendarmes* avaient reçu l'ordre de partir immédiatement pour leur dépôt à…. (Le nom d'une ville de l'autre côté de la Marne, dont je ne me souviens plus.)

Au lieu de m'effrayer , cette information stimula mes nerfs, qui commençaient à être déprimés par beaucoup de travail et peu de nouvelles.

"Bien", dis-je. "Maintenant, nous pouvons nous attendre aux soldats à tout moment. Allumez le feu, Julie, et nous nous mettrons au travail pour préparer la soupe chaude lorsque nos garçons arriveront."

Ensuite, nous allions vraiment être dans l'excitation. Comme c'est glorieux de pouvoir aider, car dans mon esprit, la nôtre était la seule solution possible à la question.

Je me suis mis au travail avec une vigueur renouvelée et, comme la veille, nous étions constamment sollicités par des réfugiés nécessitant traitement et attention. Comme je me souviens bien d'un groupe de quatre personnes, deux hommes et deux femmes, qui entraient en titubant dans la cour et frappaient timidement à la fenêtre. Trois d'entre eux acceptèrent volontiers de la soupe et du vin, mais la quatrième, une femme d'âge moyen, se laissa tomber sur les marches et enfouit sa tête dans ses mains.

"Pourquoi l'un de vous ne la libère-t-il pas de ce lourd paquet qu'elle a attaché à ses épaules ?" J'ai demandé.

"Elle ne nous laisse pas y toucher. Elle ne l'a jamais mis de côté une minute depuis que nous avons quitté la maison il y a six jours !"

"Est-ce que c'est aussi précieux que ça ?" Ai-je demandé en regardant l'énorme paquet plat qui aurait pu avoir la taille d'une double feuille de papier quotidien.

"C'est la photo de son fils. Il est parti à l'armée et elle est seule au monde."

"Mais pourquoi diable porte-t-elle du cadre, du verre et tout ? Cela doit presque la tuer par cette chaleur !"

"Madame," dit solennellement l'amie de la femme, "elle a travaillé six mois et a mis toutes ses économies dans ce cadre ! Vous vous étonnez qu'elle n'ait pas voulu les laisser derrière elle ! "

J'ouvris une porte latérale et leur montrai un chemin piétonnier à travers les collines, un raccourci que les voitures ne pouvaient pas emprunter, et j'étais en train de tourner la clé dans la serrure lorsque le téléphone sonna.

C'était la première fois depuis le 2 août ! Qu'est-ce que cela pourrait signifier ?
Probablement l'arrivée de blessés. J'ai littéralement pris l'avion pour répondre à l'appel.

J'eus un peu de peine à reconnaître la voix de mademoiselle Mauxpoix : elle tremblait d'émotion. Elle m'a salué poliment, puis m'a prié de ne pas trop m'alarmer et m'a annoncé qu'elle venait de recevoir l'ordre officiel de mettre hors service tous ses appareils téléphoniques et télégraphiques, de les endommager de manière à ce que les réparations soient impossibles.

"Il me reste dix minutes", a-t-elle poursuivi. "Une automobile du gouvernement arrive à quatre heures pour m'emmener, moi, mes employés et mes livres, à Tours."

"Mais, Mademoiselle..."

Elle n'a pas tenu compte de mon interruption. "Vous ne pouvez pas rester, Madame Huard ! Il ne faut pas ! Aucune femme n'est en sécurité sur leur chemin. Je le sais mieux que vous, car je reçois des rapports officiels depuis plus d'un mois ! Le pire est vrai ! Pour l'amour du ciel , allez, vous avez encore une chance même s'il y a de durs combats dans les rues de Château Thierry, pour l'amour de Dieu, n'hésitez pas.

Elle était partie! Et je restais là, hébété !

« Durs combats à Château-Thierry ! C'est à seulement sept milles d'ici, comptais-je.

Aller? Aller où? Comment? Aller abandonner mon poste, Yvonne étant encore trop malade pour bouger, et tous les autres dépendant de mon aide ? Aller? Par quel moyen, quand mon seul cheval était trop boiteux pour traverser la cour ! Il valait bien mieux rester et défendre ses affaires !

Et puis, alors que je revenais lentement dans les couloirs, je me suis rendu compte que malgré mon désir de rester, je risquais d'être forcé de partir. Et si le château devenait soudainement la cible des canons allemands ? Eh bien, nous pourrions tous nous rendre dans les caves, comme les autres l'avaient fait en 1870. Mais – et c'était là le point important – supposons que les Français en prennent possession et ne nous laissent que quelques minutes aux femmes pour partir avant le début de la bataille. Alors quoi ! Voilà matière à réflexion. Je résolus de mettre en confiance Mme Guix et les deux garçons. Quatre têtes valaient mieux qu'une !

Ils ont reçu la nouvelle avec calme et j'ai presque aperçu une étincelle dans les yeux de George et de Léon. L'excitation leur a plu.

Si ce qu'avait dit mademoiselle Mauxpoix était vrai, les Allemands étaient en route vers Villiers. Il était évident que les Français opposaient une résistance obstinée, mais il y avait peu d'espoir qu'ils les arrêteraient avant qu'ils n'atteignent notre voisinage. La bataille signifiait la destruction de vies et de biens. Eh bien, puisque nous possédons encore le premier, il était grand temps de songer à sauver le second. Le soleil se couchait rapidement derrière les pins. Dans une heure, il ferait nuit. Ce que j'ai décidé de faire doit être fait immédiatement.

"George et Léon, descendez mes deux grosses malles et dites à Nini d'attacher l'âne à sa charrette plate et de se diriger vers la porte latérale." J'avais résolu de conserver ce que je pouvais du travail de H. et, me rendant dans le placard de l'atelier, je commençai à sélectionner les portfolios contenant des dessins et des gravures montés. Il était inutile de penser aux tableaux. Ils étaient trop gros. Les malles furent pleines en un rien de temps. Je n'avais pas d'autres récipients, aussi fermai-je à regret les armoires à moitié vides, me consolant en pensant que tout cela n'était peut-être qu'une préparation inutile, et priant le ciel pour que j'aie fait un bon choix parmi les portefeuilles au cas où le pire arriverait.

Les garçons ont mis les malles sur le chariot et se sont dirigés vers une carrière de sable, où je savais que nous pouvions creuser en toute sécurité et provoquer facilement un glissement de terrain miniature, qui couvrirait toutes les traces de notre trésor caché. J'ai promis de les rejoindre dans une heure, le temps que je pensais qu'il leur faudrait pour faire une si grande excavation, et retournant dans ma chambre, j'ai rassemblé mes bijoux et mes papiers dans une petite valise et les ai mis à côté de mon manteau de fourrure et de mon kodak. . Quelques autres bibelots et d'innombrables photographies étaient enfermés dans mon bureau, et comprenant qu'il serait totalement impossible de les emporter avec moi, je me demandai comment diable je pourrais les protéger. Soudain, je me suis souvenu d'un petit drapeau américain en soie que ma mère m'avait offert des années auparavant, lorsque, enfant, j'avais quitté la maison pour mon premier voyage en Europe . Je l'ai trouvé où j'espérais, et en enfermant un bord dans le tiroir, j'ai laissé pendre les rayures vers le bas et j'ai épinglé dans ses plis l'inscription suivante :

"Je jure que le contenu de ce bureau est purement personnel et ne peut avoir de valeur que pour moi-même. Je le laisse donc sous la protection du drapeau de mon pays."

Je me sentis très fier d'avoir fait cela, puis je me précipitai dans ma loge où je remplis en toute hâte ma valise de quelques sous-vêtements chauds, d'un costume de rechange et d'une paire de chaussures supplémentaire. J'avais presque fini et j'étais bien content que ce travail inutile soit terminé, lorsqu'en regardant par la fenêtre j'aperçus Madame La Miche aux cheveux crépus qui remontait l'avenue dans sa charrette à chien.

Madame La Miche et son mari exploitent un grand élevage près de Neuilly rue Front, à une quinzaine de kilomètres de Villiers. Je l'avais souvent vue dans des salons avicoles et agricoles, où leurs produits agricoles remportaient généralement de nombreux prix. C'est elle qui m'a vendu mes vaches il y a à peine un an.

"Toi?" Dis-je alors qu'elle s'approchait des marches.

"Oui. En route, comme tous les autres. Toute notre fortune est en bétail et je vais essayer d'économiser le plus possible. Pouvons-nous entrer ?"

Certainement — et une demi-heure plus tard, l'une des plus grandes fermes de France avait été déplacée en corps dans mes pâturages ! Le tout fut conduit d'une manière très ordonnée par M. La Miche , qui, à cheval, fermait la queue de cette immense cavalcade composée d'environ deux cents bœufs blancs, attelés deux de front, soixante-dix ou quatre-vingts chevaux, autant de juments avec de jeunes poulains. , et Dieu sait combien de vaches et de veaux ; le tout accompagné des groupes stables. Pauvres bêtes fatiguées, avec quelle avidité ils buvaient l'eau fraîche de notre source, et avec quelle bonne volonté les petits poulains rusés, dont les sabots tendres avaient été usés jusqu'au vif par leur voyage inouï, laissaient les hommes attacher leurs pieds dans du gros linge. bandages avec des bandes de vieux tapis pour la protection.

Madame La Miche avait été officiellement évacuée à midi, je n'ai donc pas hésité à lui faire part de ce que j'avais entendu. Elle ne fut pas surprise et dit qu'elle comptait partir à minuit, mais que ses animaux, peu habitués à un tel exercice, devaient se reposer quelques heures.

Dans la cuisine, je trouvai George et Léon, qui avaient accompli leur tâche plus tôt que prévu. Me fiant à leur parole selon laquelle il était impossible de savoir où ils avaient enterré les malles, je ne suis pas retourné à la carrière de sable. Un demi-mile était une distance à considérer, dans les circonstances.

Pendant que tout cela se passait, Mme Guix avait mis Julie dans ses confidences et lui avait demandé si elle nous suivrait si nous étions obligés de partir. Julie est originaire de Villiers, son mari et ses enfants habitent une petite maison à proximité . Elle avait consulté son seigneur et ils étaient prêts à prêter leur gros cheval de trait s'ils pouvaient tous se joindre à notre groupe. Bien sûr, nous avons accepté et pendant qu'il faisait clair, nous avons décidé de mettre quelques sacs d'avoine au fond de notre charrette à foin, de les recouvrir de foin, et alors tous les domestiques pourraient s'entasser, les garçons marchant à tour de rôle car Yvonne devait marcher. avoir de la place pour s'étendre.

Comme je détestais toutes ces affaires ! Madame Guix compta alors le nombre de personnes composant notre groupe, et envoya Nini chercher un maximum de couvertures et d'oreillers. Ceux-ci, avec une boîte contenant du sel, du sucre, du chocolat et d'autres provisions sèches, une valise remplie de quelques pansements et un peu de médicaments, furent mis sur une petite charrette légère à laquelle nous pourrions atteler César en cas de grande urgence.

Les deux véhicules, une fois chargés, se heurtèrent à une remise vide, dont je fermai la porte, un peu honteux de mes précautions.

La nuit était tombée et le flot de réfugiés qui arrivait exigeait toute notre attention. Madame Guix était occupée de deux femmes dont la condition physique était telle qu'il était impossible de leur refuser le lit, quoi qu'il arrive, et tandis que je traversais le vestibule à la recherche de quelques instruments, l'ombre d'une femme et de deux petites filles monta les marches. . "Pourrais-je leur loger ?" supplia la pauvre âme. Je la regardai : elle avait tellement peur que c'en était pathétique, et les deux enfants aux perles frisées s'accrochaient à ses jupes et frissonnaient.

"Je n'ai jamais été seule auparavant", expliqua-t-elle, et ses dents claquèrent de terreur. "Je peux payer, et bien payer, j'ai trente mille francs d'or sur moi."

"Alors, pour l'amour du ciel, ne le laissez à personne !" Dis-je très brusquement. "Je ne veux pas d'argent, mais il y en a d'autres qui le pourraient. Attention, une telle fortune peut conduire à votre destruction. Cachez-la !"

Elle m'a regardé avec étonnement. De toute évidence, l'idée que la malhonnêteté puisse exister ne lui est jamais venue à l'esprit. Elle m'a remercié pour le conseil et a espéré qu'elle ne m'avait pas offensé et m'a supplié d'avoir pitié d'elle.

« Est-ce que quelqu'un vous a vu entrer ici ?

Elle ne le pensait pas.

"Car s'ils le faisaient, je crains que vous ne deviez partager le sort commun. Je n'ai aucune raison de vous donner la préférence. Les autres pourraient protester."

J'ai passé la tête par la porte. Quand je me suis retourné, ces trois créatures sans défense se sont accrochées les unes aux autres dans le grand vestibule vide, formant un groupe des plus pitoyables.

"Montez deux volées d'escaliers, tournez à gauche et suivez le couloir jusqu'au bout. La dernière porte sur votre gauche s'ouvre sur une chambre avec un immense lit double. Elle était trop grande pour notre hôpital. C'est la seule raison pour laquelle nous l'avons fait. Ne le descends pas. Il est à ta disposition. Ne me remercie pas.

Quand j'ai eu un moment, je suis allé dans la chambre d'Yvonne. "Pensait-elle qu'elle pourrait se lever un peu : assez longtemps pour dîner ? Peut-être qu'elle pourrait mettre quelques vêtements et faire un effort pour se promener dans sa chambre." Dix jours au lit l'avaient rendue très faible. Elle doit essayer de reprendre un peu de force. Elle a promis et je suis parti. L'idée de la porter physiquement était tout sauf encourageante !

A six heures trente, la distribution publique de soupe recommença. Qui étaient mes invités, je n'en ai aucune idée. Ils étaient plus d'une centaine. Cela ressort clairement de la vaisselle qui restait. Au moment où la dernière tournée était servie, Georges entra pour dire que le village commençait à s'inquiéter : des gens de Neuilly-Saint-Front, de Lucy-le- Bocage et d'Essommes étaient déjà passés sur la route, et les paysans regardaient vers le village. château pour une décision!

Je suis sorti vers la porte. Oui, c'est vrai, nos voisins de Lucy (à huit kilomètres de là) s'étaient joints au cortège. Puis il y eut une pause et une accalmie, comme il n'y en avait pas eu depuis deux jours, et dans le silence, je reconnus à nouveau le même bruit de cliquetis qui avait attiré mon oreille au sommet de la colline l'après-midi précédent. Cette fois, c'était beaucoup plus distinct, mais il fut bientôt noyé par le grondement des lourdes roues sur la route.

Cette fois, c'était sûrement de l'artillerie !

Je m'enveloppai de mon châle et m'assis sur le muret de pierre qui borde les douves, tandis que de petits groupes de paysans, incapables de dormir, se groupaient au bord de la route.

Le bruit du cliquetis se rapprochait de plus en plus et bientôt tout un régiment de poussettes, quatre de front, tourna au coin au clair de lune.

Domptin !

Domptin , notre village voisin, à deux kilomètres de là, avait pris la fièvre et déménageait en masse, transportant ses malades et ses décrépits, ses enfants et ses biens, dans Dieu sait combien de landaus !

Je n'en avais jamais vu autant de toute ma vie. L'effet était tout à fait comique, et Madame Guix et moi ne pouvions nous empêcher de rire, au grand désarroi de ces pauvres âmes qui ne s'amusaient guère à être obligées de sortir de chez elles légèrement vêtues de vêtements de nuit.

Ils passèrent leur chemin sans autre commentaire, et le dernier homme avait à peine tourné le coin qu'un cri venant du haut de la route nous remit sur pied et nous fit courir dans cette direction. Presque instantanément, la silhouette d'une vieille paysanne à tête blanche apparut au loin. Elle se tordait les mains et pleurait à haute voix. Lorsque nous fûmes à portée de voix, j'entendis le mot : « Uhlans !

" Des uhlans ! Où ? "

" *Dans le bois de la Mazure !* " (A 800 mètres de Villiers.)

"Comment savez-vous?"

"J'ai vu leurs casques briller au clair de lune !"

"Quelle pourriture ! Ce sont des Français, des dragons. Vous ne reconnaissez pas vos compatriotes quand vous les voyez ! Les avez-vous approchés ?"

"Non."

" Alors, au nom du bon sens, qu'est-ce qui vous a poussé à venir ici pour nous effrayer comme ça ? Vous n'avez pas à répandre un message de panique. Si vous ne faites pas demi-tour et ne rentrez pas chez vous en courant, par le chemin par lequel vous êtes venu, j'aurai vous avez arrêté. *Allez !*

Mes nerfs avaient résisté à la tension le plus longtemps possible. Cette fausse alerte avait éveillé ma colère et en un tournemain j'ai pu constater combien des milliers de personnes avaient été trompées et erraient désormais sans abri sur les routes de France !

« Vous pouvez faire ce que vous voulez, dis-je en me tournant vers les autres, mais j'en ai assez pour une journée, je vais me coucher. Bonne nuit, messieurs.

"La *châtelaine* va se coucher, la *châtelaine* va se coucher !" "Allons tous au lit", et des phrases similaires résonnèrent parmi les groupes et bientôt nous nous séparâmes tous, après de nombreux *a demain cordiaux* .

L'horloge de l'église du village sonnait minuit lorsque je me retirai enfin, après avoir appelé mes lévriers et Betsy dans ma chambre, et m'être assuré qu'ils portaient tous leur collier et que leur laisse était accrochée au montant de mon lit.

Nini , la petite traîtresse, avait évidemment prévenu Yvonne de mes préparatifs de départ, et les deux jeunes filles, dont les lits étaient dans la chambre voisine du mien, n'avaient pu fermer les yeux, car, tandis que j'éteignais ma lampe, j'entendais leurs voix enfantines répétant le chapelet :

"Je vous salue Marie, pleine de grâce, le Seigneur est avec vous..."

* * * * *

J'ai peut-être dormi une heure. Puis je me souviens vaguement avoir entendu un cri sauvage de mes chiens, et quand je me suis retrouvé au milieu de ma chambre en me frottant les yeux, Yvonne m'appelait : « Madame ! Madame ! d'un ton terrifié. Mes animaux étaient fous d'excitation et le son de la cloche de la ferme résonnait dans mes oreilles !

"Silence!" J'ai crié.

Tout s'arrêta sauf la cloche.

Insouciant de ma tenue vestimentaire, je me suis précipité vers une fenêtre arrière et j'ai répété mon ordre.

La cloche s'est arrêtée.

« Qui es-tu pour oser nous réveiller comme ça ! » grondai-je.

Un garçon entre dix-huit et dix-neuf ans lâcha la corde et passa sous la fenêtre. Je pouvais voir ses cheveux blonds au clair de lune.

"Etes-vous Madame Huard ?"

"Oui."

"Je suis venu avec un message de votre mari."

Je suis devenu froid comme de la glace. Bon Dieu, que s'était-il passé ?

V

En un bond, j'étais en bas des escaliers et j'avais ouvert la porte d'entrée.

« Est-ce que H. est blessé ? J'ai haleté.

"Non, Madame."

J'ai respiré à nouveau.

"Où était-il quand tu l'as vu ?"

"Sur la route entre Villers-Cotterets et La Ferté Milon ."

"Quel est ton message ?"

Le garçon porta la main à sa poche de poitrine et en sortit un bout de papier. La pleine lune qui brillait sur la façade blanche du château jetait un reflet si brillant que je reconnus une feuille d'un carnet de croquis et distinguai les mots suivants griffonnés au crayon :

"Donnez cinquante francs au porteur, puis au nom de l'amour que vous me portez, évacuez maintenant ; allez vers le sud, pas Paris."

Les derniers mots furent soulignés trois ou quatre fois.

"Quelle heure était-il quand H. t'a donné ça ?"

« Midi ou aux alentours. »

"Comment es-tu venu ? A pied ?"

"Non, vélo."

"Mais il est minuit passé !"

"Je sais, mais je me suis perdu et j'ai eu trois mauvaises crevaisons."

Il y avait là des ordres de marche pour la foire, et si j'avais l'intention d'obéir suffisamment, du temps aurait déjà été perdu. Rester malgré tout, c'était être responsable de toutes les jeunes vies qui attendaient de moi, une protection. Puis-je le promettre ? Non, alors allez-y !

Au même moment et comme pour renforcer ma décision, l'étrange bruit de cliquetis que j'avais observé de plus en plus proche au cours des deux derniers jours éclata dans l'air de la nuit.

"Écoutez!" dit le garçon. " *La mitrailleuse !*"

"Les mitrailleuses !" J'ai fait écho.

" *Oui , Madame.* "

Cela suffisait. "Nous partons dans dix minutes. Va à la cuisine. J'enverrai quelqu'un pour s'occuper de toi et nous irons ensemble."

Tout cela s'est produit en moins de temps qu'il n'en faut pour le raconter. Réveillés par la cloche, les réfugiés des écuries affluèrent dans la cour. Une seconde plus tard, George, lanterne à la main, accourut vers moi.

"Dites à Léon d'atteler César, puis allez réveiller Julie et dites que nous partons dans dix minutes. J'espère qu'elle et sa famille, avec leur cheval, seront prêtes. La cour dans dix minutes. Attention!"

Sur le palier, je rencontrai Madame Guix déjà tout habillée.

« *Nous partons* » , c'est tout ce que j'ai dit. Elle a compris et m'a suivi vers la chambre d'Yvonne.

Les deux enfants, claquant des dents, nous regardaient avec terreur.

" Nini , mets les vêtements les plus chauds que tu possèdes et aide Madame Guix à habiller Yvonne. Va ensuite à la cuisine et attends là sans bouger. "

Ma propre toilette fut brève, et cinq minutes plus tard, lampe à la main, je frappais à toutes les portes des longs couloirs, craignant que quelqu'un ne soit oublié et enfermé dans la maison. Quand j'atteignis le deuxième étage, je pensai à la femme et à ses deux enfants et, à mesure que j'avançais, j'appelai : « N'ayez pas peur. Ceci n'est qu'un avertissement !

La pauvre âme devait rêver, car lorsque j'ai touché sa porte, elle a crié, et tandis que je l'ouvrais et que je tenais la lampe au-dessus de ma tête, j'ai vu les deux petites créatures accrochées à leur mère, qui, à genoux, suppliait : " Prends moi, mais épargne mes bébés!"

J'eus quelques difficultés à la rassurer, mais j'y parvins enfin et je la laissai descendre à l'hôpital.

A la première alarme, les femmes qui dormaient là s'étaient enfuies terrorisées, et, assuré que tout le monde était parti, pour des raisons de sécurité, je montai dans le vestibule et, debout au pied de l'escalier, j'appelai : « Tous dehors ! dehors ! Je ferme et je pars ! »

Personne ne répondant, j'ai jugé que ma convocation avait été obéie et je me suis donc dépêché de retourner dans ma propre chambre pour chercher des bijoux, des kodak et des animaux de compagnie. En descendant, j'ouvris l'armoire de H. et attrapai plusieurs pardessus, persuadé que les garçons oublieraient les leurs et en auraient besoin.

Dans la cour, je retrouvais Julie et sa famille déjà perchées sur la charrette à foin, où Yvonne avait été hissée et gisait en gémissant, bien recouverte d'une couverture. Les deux chevaux étaient attelés et mes domestiques attendaient les ordres. À côté du nôtre, d'autres gros avions étaient en préparation pour le vol, mais il n'y avait aucune confusion, pas de paroles bruyantes, pas de lamentations. J'ai alors dit aux garçons de se précipiter dans la cour de la ferme et d'ouvrir toutes les portes pour que les volailles et les vaches puissent accéder librement à tout le domaine, qui est fermé par un mur. J'étais donc certain que même s'ils avaient faim, ils ne mourraient pas faute de nourriture ou d'eau pendant le peu de temps que j'avais l'intention de m'absenter.

Cela fait, je me rendis à la cuisine où je trouvai Nini , qui avait obéi à l'ordre de ne pas bouger mais qui avait assez de présence d'esprit pour préparer du pain, de la confiture et du vin pour le jeune affamé qui avait apporté le message.

À la lueur d'une lampe, j'aperçus mes cartes routières sur le mur du réfectoire, et posant mon écrin sur la table, je commençai à les détacher, à les plier soigneusement et à les mettre dans la poche de ma blouse. Presque au même instant, la lampe vacilla et Léon entra pour dire que tous les chiens étaient retrouvés, sauf le chien Beagle et trois chiots Fox Terrier qui, effrayés par la cloche et le tumulte, s'étaient cachés dans les greniers à foin. Nous sommes sortis, j'ai appelé et sifflé en vain : aucun d'eux n'est apparu.

Tout cela avait pris plus de temps que prévu. Les wagons pleins de réfugiés avaient disparu et nous étions seuls.

" *En route !* " criai-je en montant dans la *charette* , une grosse boule dans la gorge.

" *En route !* " appela George.

Une fois de plus, j'ai compté notre groupe pour être sûr que tout le monde était là, puis lentement la lourde charrette à foin est sortie de la cour pour rejoindre la grande route.

Les dix premiers pas que fit mon cheval boitait si douloureusement que mon cœur se serra dans mes bottes.

Quelle absurdité, ce départ ! La pauvre bête s'effondrerait et nous devions l'abattre au bord du chemin, et d'autres pensées joyeuses similaires me traversaient l'esprit tandis que nous courions dans la rue étroite du village.

Devant la mairie, je m'arrêtai, d'abord pour reposer mon cheval, ensuite pour attendre Georges et Léon, restés sur place pour fermer les portes d'entrée et verrouiller le portail, et enfin parce que j'étais étonné de voir toutes les fenêtres éclairées. .

J'ai sauté à terre et, m'approchant d'une des vitres, j'ai regardé à travers et j'ai vu tout le conseil municipal assis en demi-cercle, le visage grave d'anxiété. Bientôt, les garçons, accompagnés du messager de H., montèrent sur leurs vélos et me remirent les clés. J'entrai dans la chambre où m'accueillit M. Duguey , maître d'école et greffier.

"Messieurs, je viens vous remettre les clés de mon domaine. J'ai reçu un message de mon mari me suppliant de partir immédiatement."

" Alors dépêchez-vous, Madame, pendant qu'il est encore temps. Nous sommes sur le point de battre l'appel aux armes et d'avertir la population que ceux qui espèrent s'échapper doivent partir immédiatement. Bien que nous n'ayons pas d' ordres officiels pour le faire, nous avons Nous l'avons pris sur nous, car nous savons désormais avec certitude que les uhlans ont encerclé le village et attendent le jour pour en prendre possession. Ils bivouaquent probablement sur les hauteurs de votre parc.

Alors la vieille paysanne n'avait pas menti ! C'étaient bien des uhlans qu'elle avait vus au *bois de la Mazure* . Dieux, et là, j'essayais de m'en sortir avec un cheval boiteux ! Dieu merci, la Marne n'était pas loin ! Je le traverserais et j'attendrais ensuite l'évolution.

L'horloge de la petite église sonna deux heures et un hibou hula tristement dans le beffroi tandis que notre cortège gravissait silencieusement la pente raide. Lorsque nous avons atteint le sommet, je n'ai pas pu résister à l'envie de me retourner et de jeter un long regard affectueux sur ma jolie maison, qui brillait comme un palais de fées dans son écrin d'arbres magnifiques. Qui pourrait le dire ? Je ne le reverrai peut-être jamais !

George aussi a dû être pénétré du même sentiment, car il s'est approché du chariot et, saisissant le garde-boue, s'est retourné sur sa selle et secouant avec nostalgie son collier , a exprimé ses sentiments par ce qui suit, très peu élégant mais extrêmement expressif. éjaculation:

" *Quels des cochons ! vous chasser dune propriétaire parcelle !* "

Un long frisson d'émotion me parcourut le dos et, même si nous n'étions que le 2 septembre, je rapprochai instinctivement le col de fourrure de mon manteau de mon cou.

Devant moi, je pouvais supporter le craquement des roues de notre lourde charrette à foin tandis que le gros cheval de ferme avançait péniblement. Ses occupants étaient silencieux, et grâce à la lune et à la lanterne qui pendait en hauteur derrière, je voyais Julie et Madame Guix hocher la tête de sommeil.

Ma pauvre bête boitait et en plus de penser à tout ce que j'avais laissé de côté au château et de planifier comment et où nous pourrions aller, j'avais la vision constante de sa souffrance silencieuse devant moi. À chaque petite pente, je descendais et jetant les rênes autour du cou de Betsy, mon bouledogue, qui occupait le siège à côté de moi, je donnais sa tête à César et je prenais ma place avec les garçons derrière. Il semblait reconnaissant.

Il faut dire cependant qu'à mesure que notre voyage avançait, le sabot, d'abord si sensible à cause de tant de cataplasmes , devenait de plus en plus ferme, et qu'au lieu d'augmenter, la boiterie diminuait plutôt.

Nous avons traversé notre petit bourg de Charly dans un silence de mort. Pas une lumière dans une seule fenêtre, pas un bruit nulle part. Nous semblions être les seules âmes en mouvement, et l'imprudence de ce départ à minuit, alors que tout le monde était bien au chaud dans son lit, m'a mis en colère. J'étais pris d'une folle envie de faire demi-tour et de rentrer chez moi.

A ce moment-là, Georges me demanda quelle direction je comptais prendre et, nous souvenant de l'impératif de H. « Va vers le sud », nous tournâmes brusquement et nous dirigions vers le premier pont sur la Marne.

Hautement devant moi s'élevaient les collines sombres et boisées de Pavant , descendant brusquement jusqu'à cette étroite bande de plaine fertile qui borde la rivière des deux côtés, mais maintenant à moitié voilée dans une épaisse brume bleue. Au-dessous de moi, le courant rapide filait comme une flèche d'argent, et devant un spectacle si impressionnant, je ne pouvais m'empêcher de penser combien maigre est l'art du peintre de scènes et du dramaturge qui tente de représenter un véritable champ de bataille. J'avais l'impression que c'était un champ de bataille, et mes nerfs surmenés ne retenaient plus mon imagination, je pouvais déjà voir des formes humaines se tordre d'agonie et entendre les gémissements des âmes au bord de l'éternité. Comme pour vivifier cette hallucination, la lune mourante s'enfonça soudain derrière un nuage, n'éclairant le paysage que par d'étranges traînées lugubres, et au loin derrière nous un long grondement sourd m'avertit que mon rêve pourrait bientôt devenir une terrible réalité.

La Marne traversée, un poids s'est levé de mes épaules, et m'appuyant contre le tas de couvertures de mon gréement, j'ai laissé le cheval suivre sa douce volonté et nous avons commencé à zigzaguer sur une pente raide. Au bout de cinq minutes, j'étais tellement engourdi par le froid que le sommeil était impossible, alors je quittai mon siège et rejoignis les autres qui, tous sauf Yvonne, avaient été obligés de descendre pour relever leur cheval. Quelle ascension ce fut : sept longs kilomètres de droite à gauche, serpentant autour de cette colline, comme autour d'une montagne, nous retrouvant toujours et encore sur une corniche étroite surplombant la vallée. Le brouillard s'était répandu jusqu'à s'étouffer littéralement entre les billets et j'avais du mal à me convaincre que ce n'était pas la mer qui roulait en dessous de moi. Même les feux de signalisation de la voie ferrée lointaine sortaient du labyrinthe comme un phare au milieu de l'océan, rendant l'illusion complète.

L'aube se levait alors que nous atteignions le sommet et, en nous arrêtant un instant, nous pouvions voir des gens avec des paquets se précipiter des chaumières et des cours de ferme, tandis que les champs semblaient parsemés de chevaux et de charrettes qui surgissaient de la pénombre comme des spectres qui se succédaient. un autre sur l'autoroute. En moins d'un rien de temps, la longue caravane s'était reformée et était de nouveau en route.

Nous fermions la marche, précédés de cinq cents bœufs blancs comme neige. Il n'y avait aucun moyen d'avancer plus vite que le *cortège*. C'était rester dans la file ou perdre sa place, et alors que le soleil se levait sur les plaines, j'étais tellement impressionné par la magnificence de notre cortège que j'oubliai la véritable cause de notre fuite et ne réalisai jamais un instant que je formais désormais un lien intime. une partie de cette chronique qui, il y a quelques heures seulement, m'inspirait une si sincère pitié.

Tandis que nous traversions un petit agglomération de maisons qu'on pourrait difficilement appeler un village, je reconnus plusieurs visages familiers sur le pas de la porte, et je compris tout de suite pourquoi Charly était si sombre et si silencieux la nuit précédente. Elle était vide — évacuée — et la plupart de ses habitants se trouvaient ici, au bord de la route, se préparant à poursuivre leur route.

Où allions-nous ? Je pense qu'aucun de nous n'avait une idée très précise. Nous suivions la seule route qui traversait ce pays merveilleusement fertile. La monotonie du paysage, la chaleur du soleil, ajoutées au doux balancement de ma charrette, me calmèrent les nerfs et je retombai dans un profond sommeil.

Quand j'ai ouvert les yeux, j'ai entendu l'eau couler sur un barrage et j'ai vu en dessous de moi et à très courte distance, une rivière qui coulait dans une vallée. Quelqu'un a dit que c'était le Petit Morin ; un autre a annoncé que nous avions parcouru dix-sept kilomètres et un troisième a indiqué qu'il était 6h30 du matin, l'heure du petit-déjeuner. Nous ne devons pas attaquer la colline d'en face le ventre vide.

Nous traversâmes donc le Petit Morin et rompîmes les rangs devant deux petits chalets qui bordaient la rivière à l'entrée d'une centrale électrique. Au même moment, un petit cabriolet couvert s'arrêtait à côté de notre grosse charrette et de là descendait la mère des deux petites filles, celle qui avait tant d'or.

Est-ce que cela me dérangeait si elle nous suivait dans notre sillage ?

Bien sûr que non.

Elle était toujours aussi timide et effrayée que la nuit précédente, et il n'a pas fallu beaucoup de questions pour apprendre qu'elle n'avait jamais eu une paire de rênes dans les mains de sa vie.

Les garçons ont emmené tous les chevaux jusqu'à la rivière et ont soigneusement lavé leurs genoux et leurs jambes. Entre-temps, du café avait été trouvé et moulu, quelqu'un s'était précipité et avait trouvé une maison où l'on pouvait avoir du lait, et sur un trépied en fer que j'avais assez de bon sens pour emporter, de l'eau était mise à bouillir.

C'était très amusant ce premier petit-déjeuner pique-nique, et mon Dieu ! quels appétits nous avions. Les estivants d'une des chaumières nous regardaient avec étonnement, tous sauf une petite fille qui, semble-t-il, avait pressenti qu'un malheur lui arriverait et qui, depuis deux jours, ne cessait de pleurer.

Le repas terminé, chacun se dirigea vers mon chariot et prit possession d'une couverture et d'un oreiller, s'y enroula et s'endormit profondément sous un soleil radieux. Comme nous avons béni ces rayons chauds et pénétrants, car nous avions beaucoup souffert du froid humide toute la nuit.

Resté seul, j'ai révisé mon wagon et j'ai découvert que mon écrin à bijoux manquait. Cela ne m'inquiétait pas beaucoup, car j'étais sûr de l'avoir laissé sur la table du réfectoire et de le retrouver, comme mes coffres d'argent, là où je les avais laissés.

Ma carte routière nous indiquait être à La Trétoire , à mi-chemin entre Charly et Rebais , mais comme il n'y avait pas de provisions dans un si petit endroit, je décidai de pousser jusqu'à la commune où nous pourrions peut-être nous loger. Il fallait cependant que cela soit fait avant midi, sinon nous serions obligés de dormir à nouveau dehors, car il serait impossible de voyager pendant la chaleur du jour. En conséquence, à huit heures et demie, j'ai réveillé les garçons et nous avons commencé à gravir la colline, sac et bagages.

C'était à peu près le même genre de scène qu'à Pavant , sauf que nous étions moins excités et beaucoup plus épuisés qu'au début de notre voyage. Chacun avançait, serrant les dents et essuyant les grosses gouttes de sueur de son front. Vers dix heures, nous avons atteint le sommet et j'ai appelé George, qui marchait à côté du chef depuis que nous avions quitté la maison, je lui ai dit de prendre ma place dans la *charette* et que j'enfourcherais mon vélo.

Laissant l'ordre de suivre tout droit la route de Rebais , je poursuivis mon chemin en promettant de faire de mon mieux, et me trouvai une heure plus tard aux abords de la petite ville, très fatigué et presque accablé par la chaleur. Dans la précipitation de mon départ de Villiers, j'avais enroulé autour de ma tête un foulard de mousseline écarlate, ne pensant jamais qu'un chapeau serait un article très utile pendant la journée. Pendant soixante minutes donc, pendant que j'avais pédalé sur cette route sans fin, le soleil m'avait frappé la tête et les épaules, et quand je suis tombé sur une pompe publique, je me suis laissé tomber dans l'herbe à côté, après avoir essoré mon mouchoir en son eau rafraîchissante et le bain de mon visage et de mes bras brûlants.

Quand je fis enfin mon entrée à Rebais , je constatai que des milliers d'autres personnes avaient probablement eu la même idée que moi et il ne me fallut pas longtemps pour découvrir que toutes les chambres, privées ou publiques, étaient occupées. L'endroit regorgeait de réfugiés. La file d'attente devant la boulangerie m'a prévenu que j'avais une douzaine de bouches affamées qui dépendaient de moi et que la réserve de pain d'hier était presque épuisée, et encore moins rassis. Je pris place parmi les autres et restai debout une bonne heure à attendre que le deuxième four finisse de cuire.

Il est certain qu'aucun cochon gras à une foire de comté n'a jamais été plus difficile à gérer que cette longue miche de pain rouge de neuf livres. Il n'y avait aucun moyen de le manipuler : il brûlait tout ce qu'il touchait. A peine l'ai-je mis sous un bras que j'ai été obligé de le changer en toute hâte sous l'autre poste. Ajoutez à cela le fait que je n'avais pas fait de vélo depuis mon enfance et réalisez que marcher ou monter le pain était tout aussi chaud et tout aussi encombrant. Il était trop long pour rentrer dans le guidon, d'ailleurs comment pourrais-je le maintenir là ? Trop mou pour être attaché avec une ficelle que je pourrais acheter. À un moment donné, j'ai sérieusement pensé relever ma jupe et porter le pain comme les paysannes font l'herbe et le fourrage, mais hélas, une jupe de 1914 était trop étroite pour permettre cela. Finalement , alors que j'étais presque découragé et que j'avais posé mon pain contre le côté d'une maison pour le refroidir, j'ai reconnu une voix familière derrière moi, et George est apparu sur sa roue pour annoncer que mon groupe avait campé dans un jeune verger à trois kilomètres de là. Rebais , ni l'homme ni la bête n'étant capables d'aller plus loin. Nous avons enfilé notre pain dans un pardessus attaché à l'arrière de sa machine et, le balançant entre nous, nous avons rapidement rejoint les autres.

Notre repas de midi était composé de bam froid et de pommes de terre frites. Je crois que je n'ai jamais mangé mieux, même si je dois avouer que ces derniers ont été volés dans un champ voisin. Vers deux heures, une douzaine d'habitants fatigués de Villiers étaient allongés sur leurs tapis et rêvaient paisiblement ! Nous avions décidé de nous reposer avant de déterminer quoi faire pour la nuit.

J'ai été réveillé par une sensation de raideur dans mon cou et j'ai ouvert les yeux pour constater que le soleil disparaissait rapidement à l'ouest. J'avais bien dormi quatre heures et j'étais très reposé, même si les bosses du sol m'avaient meurtri et que je pouvais à peine bouger la tête.

Yvonne avait très bien supporté le voyage jusqu'à présent, bien qu'elle ne puisse pas encore marcher, mais à mesure que la fraîcheur de la soirée arrivait, je commençais à craindre qu'une nuit dehors ne la fasse hurler de douleur. Alors, tout en laçant mes bottes, je décidai de retourner à Rebais et de faire une nouvelle tentative désespérée pour la loger au moins.

"Est-ce que Madame a vu Maître Baudoin ce matin, demanda Léon à qui je fis part de mes projets.

J'ai haleté ! Quel imbécile j'étais ! Mon esprit était tellement bouleversé que j'en avais oublié que mon propre notaire était une personnalité marquante de Rebais .

Un quart d'heure plus tard, je me dirigeai vers la place publique et vis Maître Baudoin et sa femme, debout sur le pas de la porte, assistent à l'exode de nombreux réfugiés.

« Madame Huard ! » s'exclamèrent-ils. "Vous ? Que s'est-il passé ?"

Je l'ai expliqué en quelques mots.

"Eh bien, entrez directement. Nous allions juste nous asseoir pour dîner."

J'ai dit que je n'étais pas seul et que je devais d'abord m'occuper des autres. Sans attendre une seconde, Maître Baudoin se rendit à la mairie et revint bientôt avec une clé à la main.

" Tiens, voici la clé d'une boulangerie. Il y a des chambres au-dessus. Vos gens peuvent y loger et vous venez avec nous. Tout cela sera fini dans un jour ou deux ; les nouvelles sont bonnes aujourd'hui. Les Allemands ne le feront jamais. " atteindre la Marne ! »

J'allai chercher notre caravane ravie, et après les avoir déposés en toute sécurité dans leur nouvelle résidence, je traversais la rue principale pour rejoindre mes amis, lorsqu'une grosse auto militaire déboula au milieu de la place et s'arrêta. Dix secondes plus tard, il fut suivi par une douzaine d'autres, et au moment où j'atteignis la maison des Baudoin , la place était littéralement bordée de voitures, contenant des officiers et des aides-soignants. Nous étions justement assis quand quelqu'un frappa à la porte et une voix grave et autoritaire cria : « Vous devez loger un général et deux officiers ! Et on entendait l'homme écrire à la hâte les noms sur la porte.

Madame Baudoin regarda tour à tour mon mari et son mari, les yeux grands ouverts d'étonnement. Le repas fut oublié et nous nous hâtâmes de sortir au crépuscule pour chercher des nouvelles. L' *Etat Major* d'une division de cavalerie devait bivouaquer à Rebais et repartirait à minuit.

Mes amis comprirent, et eux, qui n'avaient pas encore vu de soldat depuis le début de la guerre, comprirent pour la première fois qu'ils se trouvaient maintenant au milieu de l'armée en retraite. Je les ai suppliés de se préparer pour la fuite et ils se sont dépêchés de rentrer chez eux pendant que je retournais à la boulangerie pour tenir conseil.

Alors que j'atteignais la porte, quelqu'un m'a touché à l'épaule et un officier, désignant le brassard de la Croix-Rouge que je portais, a dit :

"Allez immédiatement à l'hôpital. Nous avons besoin de vos services. Blessé."

"Très bien, monsieur", répondis-je en entrant.

"Madame Guix ! Madame Guix !" J'ai appelé dans l'escalier du magasin.

Les autres arrivèrent en pleine excitation, disant que Mme Guix avait été reconnue à son uniforme et envoyée en avion à l'hôpital.

À ce moment-là, une ombre barrait la porte d'entrée et, en me retournant, j'aperçus un chauffeur de l'armée qui se tenait là.

"Un morceau de pain pour l'amour de Dieu", supplia-t-il.

"Quoi?"

"Oui, je suis presque mort de faim. Nous n'avons pas eu le temps de cuisiner et le pain manque depuis deux jours."

J'ai regardé autour de moi : les boîtes à pain étaient vides. Je n'en avais pas le droit, mais j'ai ouvert tous les placards. Le moins que je pouvais faire était de payer, si les boulangers apparaissaient. J'ai trouvé un pain rassis et je l'ai coupé en quatre avec le grand couteau près du comptoir. La façon dont ce pauvre garçon l'a mordu m'a fait monter les larmes aux yeux.

"Attendez une minute", dis-je alors qu'il se détournait, et je me précipitais vers le terrain où se trouvait ma charrette. En un instant, j'étais de retour avec une tranche de jambon et du chocolat sucré et Julie m'a proposé un verre d'eau.

J'étais sur le point de poser des questions lorsqu'une autre forme apparut, suivie d'une autre encore.

" Du pain... oh, pour l'amour du ciel, du pain ! " ils ont imploré. Apparemment, il n'y avait aucune raison pour que je ne continue pas mon nouveau métier jusqu'à ce que tous les chauffeurs affamés de l'armée soient satisfaits. Mais, me souvenant des blessés, je confiai mon travail à Julie, avec ordre de distribuer le pain tant qu'il durerait et d'y aller avec légèreté avec le chocolat, car ma provision n'était pas inépuisable.

Quel aspect différent la place principale présentait par rapport à celle d'une heure auparavant ! Les moteurs étaient alignés par quatre de chaque côté, et j'étais obligé de me frayer un chemin à travers la foule de bouches ouvertes, de réfugiés et d'officiers qui se pressaient dans la rue.

"Es-tu venu chercher les blessés ?" interrogea une sœur à casquette blanche alors que je fermais la porte du couvent et montais les marches.

"Oui soeur."

" Dieu soit loué ! Venez vite par ici. Votre infirmière est là, mais elle ne peut suffire seule. Nous ne sommes d'aucune utilité, nous ne sommes que cinq pour soigner l'hospice, et une centaine de réfugiés. Nous ne connaissons rien à la chirurgie. ou un bandage."

Tout cela fut dit doucement et doucement alors que nous nous précipitions dans un long couloir. Au milieu d'une grande pièce bien éclairée, Mme Guix bandait le bras d'un bel homme qui fermait les yeux et grinçait des dents tout en travaillant. Sur une demi-douzaine de chaises étaient assis autant d'hommes, certains se tenant la tête dans les mains, certains pliés en deux, d'autres serrant les poings en signe d'agonie. Pas un murmure ne leur échappait. Le sol était en plusieurs endroits taché de grandes taches rouges.

" Vite, madame Huard. Il faut à tout prix arrêter les hémorragies. Les blessures ne sont pas graves, puisque les hommes sont venus à pied, mais on ne sait jamais avec cette chaleur. "

Une sœur a noué un tablier blanc autour de moi et en une seconde, je me suis lavé les mains et j'ai commencé. La première chemise que j'ai fendue, mon cœur a bondi à mes lèvres. Je n'étais ni un novice ni un lâche, mais la vue du sang humain coulant si généreusement et donné avec tant de réticence me donna une étrange sensation dans la gorge. Une seconde plus tard, tout était passé et pendant que je travaillais, j'ai interrogé les jeunes gens sur leur domicile et leur famille et enfin sur l'endroit où ils avaient été blessés. Certains ne le savaient pas, d'autres nommaient des coins inconnus, mais La Trétoire m'a fait sursauter. Notre halte matinale ! Alors les envahisseurs avaient traversé la Marne ? Car il ne s'agissait pas de blessures causées par l'explosion d'un obus mais de balles Mauser et de coups de pistolet !

Pendant ce temps, les sœurs apportaient des lits de fer et des matelas moelleux dans la pièce voisine, et chaque garçon se reposait tour à tour. Heureusement, il n'y avait rien de bien grave, car nous n'avions pas de médecin et ne savions pas où en trouver un. Lorsque nous avons atteint notre dernier patient, il était si mou que nous avons craint qu'il ne s'évanouisse. Imaginez, si vous le pouvez, ce que cela signifie de couper une grosse paire de bottes de soldat et de déshabiller un homme presque impuissant dont les vêtements sont collés à la peau par le sang, la saleté et la transpiration.

"Rapprochez l'ammoniaque de son nez", dit Madame Guix en tirant sur un fil qui servait de lacet de botte.

" J'ai peur qu'il soit épuisé. Le voilà... " J'eus juste le temps d'attraper le corps qui glissait de la chaise.

Madame Guix lui saisit le poignet.

"Son pouls est bon. Tenez bon jusqu'à ce que je récupère mon aiguille."

Les lèvres du garçon s'ouvrirent et un son familier remplit la pièce.

"Il ne s'est pas évanoui !" J'ai haleté. "Il dort ! Il ronfle !"

Le pauvre petit, une balle dans l'épaule et une dans le tibia, et pourtant la fatigue avait eu raison de la douleur ! Quand nous avons finalement dû le réveiller, il s'est excusé si gentiment pour les ennuis qu'il nous avait causés et a soupiré de joie en touchant les draps de lin frais.

"Vous avez dû me trouver dans un joli désordre. Cela fait trois semaines que je ne suis pas sorti de ma selle et nous nous battons à chaque minute depuis que nous avons quitté Charleroi."

Nos malades tous endormis, Madame Guix et moi cherchions un instant de repos en plein air. Une porte dans le couloir donnait sur un joli jardin d'antan, entouré sur quatre côtés par un cloître délicatement plâtré. La lune des récoltes brillait, recouvrant tout d'un éclat argenté, et un tel calme et calme régnait qu'il était presque impossible de croire que nous n'étions pas des visiteurs d'un paysage célèbre, profitant tranquillement d'un voyage planifié de longue date.

Mais nous n'avons pas eu le temps de rêver, car des pas précipités dans le couloir et l'apparition d'une sœur en robe blanche portant un fusil nous ont dit que notre tâche n'était pas encore terminée.

Sur un banc du cloître, la tête enfouie dans un bras, l'autre attachée dans une écharpe improvisée, nous avons trouvé un soldat en blouse bleue. Il était l'image du désespoir, et bien que nous l'ayons gentiment interrogé, il se contenta de secouer la tête d'un côté à l'autre sans répondre. Finalement, je me suis assis sur le banc à côté de lui et, caressant doucement son bras sain, je l'ai supplié de nous raconter son problème afin que nous puissions l'aider. Il releva la tête d'un coup sec, et se tournant vers moi avec un regard presque furieux dans ses grands yeux noirs, il dit sèchement : "Es-tu marié ?"

"Oui."

"Alors tu sais ce que c'est. Mon Dieu, ma femme et mes bébés, enfermés à Valenciennes . Ce n'est pas ça qui me tue", a-t-il poursuivi en frappant son bras bandé. " Ce n'est qu'une blessure de chair à l'épaule. Mais c'est l'autre, les autres pensées. Je les ai vus à leur travail, la meute de maudits lâches ! mais s'ils touchent jamais à ma femme ! Peut-être l'ont-ils fait, les sales canailles, et je ne suis pas là pour la défendre. Maudits-les tous ! »

Et il se frappa les genoux du poing avec rage. Puis la colère et l'agonie étant paroxystiques, ses lèvres tremblèrent, sa bouche se contracta, et passant brusquement son bras autour de mon cou, il enfouit sa tête sur mon épaule et fondit en larmes.

Le premier instant de surprise passé, il eût été stupide de s'offusquer. Les circonstances étaient telles qu'il était impossible de ne pas s'émouvoir.

Je n'avais jamais vu un homme pleurer auparavant ; Je ne veux plus jamais le faire. Pendant un bon quart d'heure, il a sangloté comme un enfant, ce grand robuste gaillard de trente-cinq ans, et, à travers le brouillard de mes yeux, je voyais que ma compagne nous tournait le dos et cherchait son mouchoir dans sa poche.

Puis peu à peu le bruit d'étouffement disparut, ses épaules cessèrent de se soulever et de trembler, et un instant plus tard notre soldat releva la tête et pleura en s'excusant.

"Pardonnez-moi, vous m'avez fait tellement de bien. Je sais que je suis un imbécile, mais il fallait que cela vienne - je ne pouvais tout simplement pas le supporter une minute de plus -" et d'autres phrases similaires, que nous avons étouffées dans l'œuf en lui demandant s'il voulait une tasse de soupe chaude, ou venir au dispensaire quand nous pourrions panser sa blessure.

"Partout où il fait clair. Je veux que tu voies sa photo, elle te trouverait génial."

Aussi, avant qu'il nous laisse toucher sa blessure, il fallut fouiller dans sa poche de poitrine et en sortir un portefeuille d'où il sortit les photographies tant convoitées.

Enfin nous achevâmes son pansement et je quittai Madame Guix pour ajouter les dernières retouches et me rendis à la cuisine où Soeur Laurent se tenait debout au-dessus d'une immense cuisinière, versant de la soupe dans deux immenses chaudières en cuivre. Il y avait des hommes, des femmes et des enfants qui tendaient des tasses et des chopes, une demi-douzaine de cavaliers poussiéreux écorchaient deux lapins dans un coin, et autant d'autres soldats épluchaient des légumes qu'ils jetaient dans une autre marmite pleine d'eau bouillante.

Ce n'était pas le moment de demander la permission. La pauvre sœur était déjà à moitié distraite par les exigences des réfugiés et des combattants affamés, alors, prenant une louche sur le mur, je plongeai dans la marmite et versai du bouillon dans quelques tasses que je trouvai dans un placard. J'avais l'intention de le donner à nos patients s'ils se réveillaient et appelaient à boire, et j'étais sur le point de soulever mon plateau pour partir quand un bruit sourd contre la porte d'entrée m'a fait le poser en toute hâte.

Je regardai sœur Laurent qui s'apprêtait à répondre à la convocation, au grand désarroi des militaires.

"J'y vais", ai-je appelé, et je me suis précipité dans le vestibule et dans les larges marches de marbre blanc. Alors que je repoussais l'immense porte en chêne, quelqu'un me frôla en criant : « Deux hommes et une civière », et là, dans le brillant clair de lune, j'aperçus le spectacle le plus horrible auquel j'aie jamais assisté.

Jeté en avant sur sa selle, ses bras serrés autour de l'encolure du cheval, se trouvait la forme d'un dragon. L'animal qui l'avait porté était autrefois blanc, mais il était maintenant tellement éclaboussé de sang qu'il était impossible de dire de quelle couleur il était à l'origine. L'homme et la bête étaient blessés, grièvement, et la façon dont ils étaient arrivés ici était un miracle.

L'alarme avait atteint la cuisine et se précipitant, les cavaliers relevèrent bientôt leur camarade de sa monture et le portèrent. Une lance lui avait transpercé la cuisse et le flanc du cheval, ce qui signifiait qu'il s'agissait d'un combat au corps à corps, et le sang coulait encore à flots, prouvait que le combat ne durait pas depuis une heure !

Madame Guix et moi faisions de notre mieux, lorsque les visages blancs de mon notaire et de sa femme apparurent à la porte du dispensaire.

"Madame Huard, nous venons vous dire que vous devez partir !"

"Aller?"

"Oui, il est deux heures et le général qui était cantonné chez nous a dormi quatre heures et est parti. En partant, il nous a prévenus que la bataille aurait lieu ici d'ici demain matin. Nous qui avons un moteur, nous sommes en sécurité, mais vous qui mais les chevaux doivent fuir immédiatement ! »

"Mais je ne peux pas laisser les blessés !"

"Mais il le faut. Le pire qui puisse leur arriver, c'est d'être faits prisonniers. Il est fort probable qu'ils soient emportés par l'une de nos ambulances d'urgence. Mais pensez à tous ces jeunes qui comptent sur vous pour vous protéger ! Vous ne pouvez pas déserter." eux ; vous devez y aller ! »

J'ai regardé Madame Guix .

"Partez, Madame Huard, il le faut. Vous le devez aux autres. Aucun de vous n'a besoin de moi et je peux être utile ici, donc si les sœurs me gardent, je resterai."

À contrecœur, je serrai la main de ma nourrice et descendis les marches en toute hâte. Maitre Baudoin et sa femme me prirent congé au coin, et je me faufilai entre les chevaux d'un régiment de cavalerie, dont les cavaliers dormaient profondément sur le pavé dur à côté d'eux.

De l'autre côté de la place, des bruits de roulement bruyants m'apprirent que l'artillerie traversait la ville, et montant sur le seuil d'une porte, j'aperçus batterie après batterie des fameux 75 claquant à perte de vue sur la route par laquelle nous étions passés le matin. . En descendant, je me trouvai bloqué par le 18e chasseurs à cheval qui, quatre de front et la lance à la main, partaient au combat. Ils étaient tout sauf une armée vaincue : la plupart d'entre eux fredonnaient doucement une chanson populaire, tandis que d'autres remplissaient calmement leur flûte et d'autres encore attrapaient quarante clins d'œil sur leur selle. J'en ai remarqué un ou deux qui ne portaient pas de casquette et dont la tête était entourée de bandages tachés de sang.

Cela semblait n'avoir aucune fin et je commençais à m'inquiéter de notre départ. Plongeant la main dans la poche de mon manteau, j'y touchai un morceau de pain rassis et un morceau de chocolat, oubliés depuis la veille, et la faim m'ayant saisi, je me mis à ronger ma croûte.

"Dis, ma sœur, donne-nous une bouchée", cria un jeune homme à cheval en passant.

"As-tu vraiment faim?"

"Tu paries!"

Sans hésiter, j'ai proposé ma croûte.

"Hourra pour la fille au foulard rouge !" en a appelé un autre. "Viens avec nous. Nous te ferons de la place." « Nous avons besoin d'une mascotte », et d'autres phrases joyeuses similaires passaient de bouche en bouche alors que gaiement la fleur de la jeune France s'en allait vers la mort.

Quand finalement ils eurent disparu, je me précipitai de l'autre côté de la rue pour trouver George et Emile (le messager de H.) en train de converser avec le conducteur d'un wagon de ravitaillement de l'armée arrêté à quelques centimètres des marches de la boulangerie. À côté de lui, sur le siège, était assis un énorme dragon, la tête recouverte d'une serviette tachée de sang.

"Nous sommes perdus", expliquait-il. "J'ai été coupé de notre régiment pendant trois jours."

« Pauvre régiment ! murmurai-je, et appelant les garçons, je dis à Emile de réveiller les autres et de descendre vite aider à atteler les chevaux. Il n'est parti qu'une seconde et je pouvais l'entendre appeler.

" *Allons , allons , Madame part de suite .* "

Puis il réapparut portant une lanterne.

"Où diable as-tu trouvé la lumière ?" grogna Georges.

"Dans leur chambre."

« Alors, au nom du ciel, comment voulez-vous que ces gens s'habillent et roulent leurs affaires dans le noir ? J'ai grondé. "Tiens, George, reviens avec la lanterne."

George obéit aux ordres et Emile, plutôt penaud, s'éloigna furtivement en direction de la cour de l'écurie. J'entendis une porte coulissante s'ouvrir, suivie d'un long sifflement sourd, et une seconde plus tard, Emile réapparut, les yeux sortant de la tête d'étonnement.

"Il manque un cheval, il a été volé !"

"Pas impossible!"

"L'écurie est vide !"

Je me suis dépêché sur place et j'ai découvert qu'il disait la vérité.

"George!" J'ai appelé alors que mon garçon arrivait au coin de la maison. "George, César a été volé !"

"Qui le dit, Madame ?"

"Emile... l'écurie est vide."

Calmement et facilement, Georges s'avança vers Émile, le prit par le col et le secoua violemment. " Écoutez, vous ! Qu'est-ce que vous voulez dire par effrayer ainsi Madame ? Êtes-vous sa servante ? Non ! Eh bien, occupez-vous donc de vos affaires ! "

Et ouvrant une deuxième porte à côté de l'autre, nous trouvâmes César et Sausage en train de grignoter leur avoine.

Ce n'était pas une tâche facile d'atteler dans l'obscurité et de faire sortir les lourdes charrettes de la cour étroite dans la rue encore plus étroite. Mais au bout de dix minutes notre caravane était de nouveau en route.

Nous traversons la place publique, désormais presque vide d'hommes, de chevaux et de voitures, et prenons la seule route qui mène au sud.

Les premières traînées grises du jour éclairèrent l'est au moment où nous tournâmes au coin de la rue, et nous fûmes obligés de tirer brusquement à l'extrême droite, car un lourd autocar parisien tourna au tournant et se précipita devant nous.

En tendant les yeux, je m'aperçus qu'il n'y en avait pas un mais des centaines, qui se suivaient à toute vitesse en descendant la colline. Il y avait des hommes armés à l'intérieur, des hommes armés sur les quais et les marches, des hommes armés jusque sur les toits et c'était effectivement un spectacle étrange de voir ici, en pleine campagne, *Madeleine-Bastille* et les *Galeries Lafayette* , pleines de fantassins sinistres. se préparer à la mêlée.

Soudain, une formidable explosion déchira l'air et secoua le sol, si bien que les chevaux s'arrêtèrent et tremblèrent.

"Voilà le pont de Nogent !" s'écria Georges. "Non, la centrale électrique de La Trétoire !"

" *Fr avant !* " J'ai appelé, sachant que le signal du combat était maintenant donné.

VI

Nous avions parcouru environ trois kilomètres lorsque la vue de mes lévriers attachés derrière la charrette de la ferme me fit penser à mon petit taureau de Boston.

"Où est Betsy ?" J'ai demandé à ceux qui étaient perchés sur le foin.

Julie, Nini et Yvonne sont devenues blanches.

Il lui fallut peu de temps pour découvrir que personne ne l'avait vue ce matin-là. Il était évident qu'elle avait été oubliée, laissée mourir attachée à un rail en laiton dans une boulangerie abandonnée, car c'était là que je l'avais attachée en arrivant la nuit précédente. Je pédalais en avant jusqu'à ce que j'atteigne Léon qui menait le cortège...

"Continuez tout droit sur cette route. Si elle bifurque, prenez la direction de La Ferté Gauche. Je reviens tout de suite." Puis me retournant, je me lance dans une course parallèle avec un autobus, pour le plus grand plaisir des occupants.

Inutile de dire que mon adversaire gagna en montée, tourna au coin, disparut et fut suivi par un autre bien avant que j'atteigne la place publique, essoufflé et plein d'anxiété.

Rebais était vide, pas même un réfugié tardif traînant sur le bord du chemin, et avant d'arriver à la boulangerie, j'entendais les hurlements plaintifs de ma petite brute.

Quel joyeux accueil j'ai reçu. Quels remuements hilarants de cette petite queue à vis ! Mais il n'y avait pas de temps à perdre, car le problème était désormais de savoir comment Betsy rattraperait le cortège. Elle était trop lourde pour que je la porte sous mon bras, et trop vieille et trop bouffie pour qu'on s'attende à ce qu'elle suive une bicyclette - mais c'était l'un ou l'autre, et en attachant sa laisse au guidon, nous sommes partis, après une tape encourageante. sur la tête et la promesse d'un morceau de sucre si seulement elle voulait « être une bonne fille ».

Nous avons filé devant les énormes autocars encombrants, ce qui a terrifié la pauvre bête qui tirait avec véhémence sur sa ficelle, parfois presque s'étouffant.

En une demi-heure, nous avions rattrapé la caravane, et tandis que je soulevais la pauvre Betsy épuisée sur le foin, Nini se réveilla de sa somnolence et, désignant l'est, dit : " Oh, regarde ! quel grand feu ! "

"Espèce d'idiot, c'est le soleil qui se lève; rendors-toi", dis-je, terrifié par ce que j'avais vu, mais ne voulant pas alarmer inutilement les autres.

A l'horizon d'une immense plaine qui s'étendait sur notre gauche, d'immenses colonnes de flammes jaillissaient vers le ciel, recouvertes un instant plus tard par une épaisse fumée noire. Heureusement, le soleil est apparu presque instantanément à l'horizon, atténuant ainsi l'intensité de l'incendie. Mais Nini ne devait pas se laisser tromper ainsi.

« Vous voyez, » continua-t-elle, « quels drôles de petits nuages duveteux ce sont ! »

" Nini , si tu ne t'endors pas tout de suite, tu devras te coucher et marcher et laisser un des garçons prendre ta place. Ils seront trop heureux de le faire, je sais. "

Nini obéit instantanément. Elle n'était repartie qu'avec une seule paire de chaussures (malgré mon avertissement de prendre toutes les chaussures qu'elle possédait) et cette paire de chaussures était pincée.

De drôles de petits nuages pelucheux en effet ! Le tremblement de la terre sous mes pieds et une seconde de réflexion m'ont dit que ce n'étaient pas des nuages, avant qu'ils ne soient dirigés vers l'ouest, ce n'étaient que des obus - et combien de temps cela serait une question qui glaçait le sang dans mes veines.

La ville vers laquelle nous nous dirigeions – La Ferté Gauche – se trouvait au sud-est. Même si je n'avais pas de verre, il était évident qu'il était maintenant sous le feu de l'ennemi, et nous ferions aussi bien de nous passer le cou dans un nœud coulant plutôt que de continuer dans cette direction. C'était au sud-ouest – ou rien.

Sans donner aucune explication, je suis parti devant et j'ai dit à Léon de me suivre. Puis, tournant brusquement à droite, j'ai pris le premier chemin latéral qui était assez large pour les roues de notre charrette, et en entrant et en sortant, de haut en bas, nous l'avons suivi pendant plus d'une heure, jusqu'à ce que, en descendant une pente raide, je me suis retrouvé dans au milieu d'un charmant petit village, niché entre deux collines au bord d'une rivière.

Les magasins venaient juste d'ouvrir et les gens vaquaient à leur travail comme si de rien n'était. Ils regardaient avec étonnement ce cycliste sans chapeau, qui portait un brassard de la Croix-Rouge, et quand je suis entré dans la boulangerie, j'ai été rempli de joie à la vue de tous les pains croustillants alignés dans leurs casiers prêts à être livrés.

Réfugiés?

Ils n'en avaient vu aucun. Quelqu'un avait entendu pendant la nuit un mouvement inhabituel de chariots , c'est tout.

Un panneau, en entrant sur la place, m'indiqua que j'étais à Jouy -sur-Morin, et quelques instants plus tard, je rencontrai un groupe de messieurs en redingote debout et discutant sur un talus en contrebas de l'église. Si c'était l'après-midi au lieu de cinq heures du matin, j'aurais trouvé cette assemblée parfaitement en harmonie avec le paysage. En fait, ils ressemblaient tellement aux caricatures de H. sur ses compatriotes de province que je ne pus m'empêcher de sourire en passant devant. Cette réunion mutationnelle du conseil municipal était le seul signe extérieur d'inquiétude que l'on puisse trouver dans cette commune pittoresque.

L'arrivée de notre caravane fit sensation parmi les lève-tôt de Jouy , qui pensaient que l'enthousiasme pour raconter leur histoire s'était quelque peu calmé chez mes domestiques. Ils avaient mal aux pieds, somnolents et affamés.

Les messieurs en redingote étaient trop occupés à leurs affaires pour nous accorder beaucoup d'attention, et j'allais partir quand l'un d'eux m'appela et me posa quelques questions. Impatient de partir, je répondis brièvement. L'homme m'a probablement pris pour une pauvre démente ; comment pouvait-il penser autrement, ici, dans sa petite vallée, où aucun bruit de canon et d'obus n'avait encore pénétré ?

L'histoire vous dira comment, quelques heures plus tard, Jouy -sur-Morin fut le théâtre d'une des batailles les plus sanglantes de la Marne.

A la laiterie, mon apparition a suscité beaucoup de curiosité, et lorsque j'ai sorti l'argent pour payer mon lait, la femme a levé la main. "Non, jamais ; je ne pourrais pas accepter de salaire de créatures aussi désespérées que vous !"

Cette pitié inattendue me fit monter le sang aux joues. J'étais brûlant d'indignation. Jusqu'à présent, nous n'avions manqué de rien et, avec de l'or en poche, la charité était une insulte. J'ai redressé ma cravate, regardé mes bottes poussiéreuses et réalisé pour la première fois que mon visage était tiré par la fatigue et l'anxiété et que mes cheveux, bien que bien rangés, n'étaient malheureusement pas bouclés. Laissant ma monnaie sur la table, j'ai tourné les talons et je suis parti. Les explications étaient fastidieuses et inutiles.

Nous traversons une voie ferrée puis la rivière, le Grand Morin, et dans une carrière de granit herbeuse, nous nous arrêtons pour le petit déjeuner, nous abritant du soleil brûlant à l'ombre des immenses rochers.

Les garçons ont emmené les chevaux jusqu'à la rivière pour boire et se baigner, et quelques secondes plus tard, ils sont revenus chercher des serviettes et du savon.

Quelle heureuse idée ! Un quart de mille plus haut sur la rive, je trouvai un endroit bien isolé et me plongeai dans le courant rafraîchissant. C'était la première fois que j'enlevais mes bottes depuis mon départ de Villiers. Grâce à un petit verre de poche et à une blouse blanche et fraîche, je me suis rendu tout à fait présentable et, à mesure que j'approchais de notre camp, l'odeur appétissante du saucisson de campagne fraîchement frit me chatouillait les narines et me rendait heureux d'être en vie.

Du café chaud accompagné de toasts beurrés avait été préparé par les filles pendant mon absence, et nous n'avions pas besoin de cajoleries pour nous persuader de rendre justice au repas. Déjà habitué à cette vie gitane, l'humour sec de George commençait à se manifester, et de temps en temps le silence était rompu par des éclats de rire, provoqués par quelque plaisanterie surannée.

Nous nous sommes attardés avec amour autour du repas, et j'essayais de décider si nous allions continuer tout de suite ou attendre et nous reposer jusqu'à l'après-midi quand soudain ma question a reçu une réponse pour moi.

Pendant que nous déblayions et chargeions les chariots, un long train de wagons de marchandises avait glissé sans bruit sur les rails en face de notre carrière et s'était arrêté sans entrer dans la gare. Il n'y avait rien d'anormal à cela, et de là où nous étions assis un peu au-dessous du niveau de la voie, nous ne voyions que peu de choses de ce qui se passait sur la plate-forme opposée. Debout dans ma charette , pliant soigneusement une couverture de manière à occuper le moins de place possible, mon regard fut attiré par plusieurs points rouges qui gravissaient une pente raide. Un instant plus tard, mon regard descendit et je réalisai que des wagons de marchandises à l'air innocent des centaines de soldats armés débarquaient et s'éparpillaient, *et tirailleurs* , préparant une attaque en embuscade. J'avais vu ce même joli exploit s'accomplir avec succès aux *grandes manœuvres* , l'année précédente, mais c'était une tout autre chose quand on comprenait que ces hommes étaient très sérieux.

À ce moment-là, un buggy, contenant une femme échevelée et un homme sans col, traversa le passage au galop et fila vers l'ouest. Les occupants, que j'hélai, ne daignèrent pas répondre, mais me faisant signe de leurs armes, m'enjoignirent de les suivre.

« Il est temps de lever le camp, dis-je, si nous avons l'intention d'atteindre la prochaine ville avant qu'il ne fasse trop chaud.

Nous sommes donc partis, précédés d'un lourd wagon de livraison, un *Familistère* du nord, qui a traversé les rails au moment où nous nous engageions sur la route. C'était une grande salle couverte, remplie à craquer de literie et d'ustensiles ménagers, et même le sommet était chargé d'immenses caisses et paniers de provisions. Derrière lui marchaient, ou plutôt trottaient, trois grosses femmes et un homme, le premier à moitié fou de chaleur et d'anxiété, s'épongant les sourcils et les larmes à mesure que le *cortège* avançait.

Une heure et demie de montée régulière les a épuisés, et quand nous avons atteint le niveau, les trois grâces s'effondrent au bord de la route, pleurant encore abondamment. J'observai cela en m'approchant et vis bientôt leur compagnon monté sur la haute roue arrière de leur chariot, regardant attentivement vers l'est à travers une paire de jumelles.

"Que peux tu voir?" Ai-je demandé alors que la *charette* passait à côté d'eux.

"Viens voir. Ça vaut le coup . Ma femme et ma famille ont trop peur."

Je m'arrêtai et, grimpant par les rayons, j'atteignis le sommet, et me stabilisant de la main gauche, je pris le verre offert de la droite.

D'une extrémité à l'autre des vastes plaines dont nous étions séparés par la vallée du Grand-Morin, ces mêmes longues colonnes d'épaisses fumées noires s'élevaient paresseusement sous le brillant soleil. En un endroit déterminé, l'ennemi déversait une pluie parfaite de balles et d'obus, et la poussière qui s'élevait après chaque explosion formait un rideau qui masquait le reste du paysage. En contrebas, les *Sénégalais* avaient disparu en embuscade, mais de temps à autre le cliquetis lointain de la *mitrailleuse* nous indiquait qu'ils étaient à leur œuvre meurtrière. Et dire que tout cela se passait sur un terrain sur lequel nous avions parcouru quelques heures seulement ! Et j'avais eu la folie de retourner à Rebais , seul pour récupérer mon chien !

J'ai frémi en descendant. A quoi bon essayer de se dépêcher ? Nous ne pouvions pas aller plus vite que les chevaux, et si nous les surmenions maintenant, nous serions obligés de nous reposer plus longtemps plus tard. Alors, encourageant nos pauvres vieux canassons, nous avons péniblement parcouru les routes ensoleillées entre les hauts champs de blé du pays brie.

Encore quelques heures et nous arrivâmes à Choisy - en -Brie, trouvâmes une étable pour nos animaux et nous nous étendîmes nous-mêmes sur nos couvertures sous l'ombre amicale de la grande église de pierre.

J'avais fini de déjeuner et j'étais sur le point de m'assoupir lorsqu'un klaxon de moteur me sortit de ma léthargie. Une seconde plus tard j'ai reconnu Maître Baudoin et sa femme, cette dernière tenant sur ses genoux leur fille de quatre ans, sa grand-mère assise seule sur la banquette arrière remplie de documents importants, et leur servante attachée aux marches de la voiture.

Nous avons lancé un cri qui les a arrêtés. "Nous sommes restés jusqu'à ce qu'un obus éclate sur la maison voisine, puis nous avons pensé qu'il était temps de partir", a expliqué Maitre. Baudouin .

"A quelle heure as-tu quitté Rebais ?"

"Il y a quarante minutes. Tu ferais mieux de bouger aussi."

"Désolé, mais je ne peux pas. Les chevaux doivent se reposer."

"Eh bien, n'attendez pas trop longtemps. Adieu."

"Adieu", et ils sont partis.

Je suis retourné à ma couverture et j'étais à nouveau en train de fermer les yeux lorsque le son inattendu du chant grégorien m'a fait m'asseoir. De plus en plus près, les voix des prêtres s'élevaient de plus en plus fort, puis un corbillard très frangé et chargé de fleurs, précédé par le clergé et suivi par les personnes en deuil (les hommes en tenue de soirée et les femmes en habits du dimanche). , tourna le coin, passa devant nous et s'arrêta devant la porte principale de l'église.

Je ne pouvais m'empêcher de sourire. L' incongruité de ce pompeux *enterrement de première classe , en La musique* , alors que la ville était menacée par un bombardement allemand, frôlait le pathétique et le ridicule. Cependant, la famille du défunt ne le pensait pas, et son parent décédé était chanté pour l'éternité avec tous les rites et cérémonies que son testament avait prévu.

Personnellement, j'étais enchanté à l'idée de m'endormir au son de l'orgue qui perçait les épaisses parois de granit et couvrait presque le grondement du canon auquel nous étions maintenant tellement habitués que nous ne nous alarmions plus.

« *Des soldats !* » cria quelqu'un.

En une seconde, j'étais debout.

"Où?"

"À deux en vélo, je rentre dans l'hôtel en face."

J'y suis arrivé aussitôt qu'ils l'ont fait. Leur histoire était brève.

"Nous sommes les précurseurs d'un dépôt de cavalerie, en cours de transfert à Rozoy depuis Montmirail . Il fait trop chaud là-bas ! Jusqu'où est-on jusqu'à Rozoy ?"

J'ai sorti ma carte.

"Dix-sept kilomètres ."

"Oh Seigneur!"

Et les pauvres gens essuyaient les grosses gouttes de sueur qui coulaient sur leur cou et leur visage poussiéreux.

"Apportez une bouteille de vin. Je prendrai les boissons", a appelé un homme depuis un coin du café.

« À quel régiment appartenez-vous ?

" *L'Escadron du train.* "

Mon cœur fit un bond d'attente.

« Connaissez-vous un homme nommé H. ?

"Non."

Ma déception était encore plus grande que ma joie.

"Combien de chevaux emmenez-vous à Rozoy ?"

"Deux cents et quelques."

"A quelle heure passeront-ils ici ?"

"Ils arrivent dans une demi-heure, s'ils ne se font pas acculer en chemin par les Boches . Nous avons nous-mêmes passé un peu à côté." Et avalant leurs verres de vin blanc et d'eau, ils étaient sur leurs vélos et sont partis, avant que nous puissions avoir plus de détails.

J'avais maintenant assez d'expérience pour savoir qu'il était plus que temps de prendre la route si nous ne souhaitions pas être capturés. Pourtant, il semblait injuste d'aller laisser une vingtaine d'innocents prier pour l'âme de leur cher défunt au son d'un long accompagnement musical. Ainsi, pendant que les enfants attelaient, j'entrai dans le sanctuaire et m'approchai du chœur par une nef latérale, je fis signe à un enfant de chœur et lui murmurai à l'oreille des paroles selon lesquelles le vicaire ferait mieux de presser sa messe et de donner ainsi à son troupeau le temps d'échapper aux envahisseurs. .

Je dis cela calmement, et j'espérais qu'il suivrait mon exemple en délivrant mon message, mais imaginez si vous le pouvez l'effet produit par cet individu effrayé, qui, levant les mains en l'air, criait avec terreur : « *Vite , vite , Monsieur. le Curé ! Voila* les *Prussiens !*

Je n'ai pas attendu de voir ce qui se passait, mais je suis sorti et j'ai rejoint mon groupe qui se préparait à démarrer. Je n'ai pas observé à quel point la messe était avancée lorsque j'entrai dans l'église, mais ce que je sais, c'est qu'elle se termina brusquement après mon avertissement, et le pauvre cheval du corbillard n'avait jamais galopé vers le cimetière de Choisy à une telle allure ni avec une telle manière indigne. Quant aux personnes en deuil, elles volaient assez à côté, très diminuées en nombre, les autres se dispersant comme la balle au vent.

L'intervalle d'une demi-heure accordé par les cyclistes pour l'arrivée des chevaux était largement dépassé lorsque nous reprenâmes la route, mais le bruit de la canonnade s'était progressivement rapproché.

Las de ce changement constant de camp, je me décidai à aller assez loin dans ce prochain déplacement pour pouvoir me reposer réellement pendant une journée ou deux. En consultant ma carte, j'ai découvert que Jouyle-Chatel se trouvait à une distance que je jugeais sûre : près de trente kilomètres et considérablement au sud de Paris. L'après-midi était encore jeune, nous aurions donc le temps de rejoindre la ville avant la nuit. Quoi qu'il en soit, j'ai dit à George de m'accompagner et je lui ai expliqué que lui et moi roulerions à toute vitesse et organiserions des lits et un dîner au moment où les autres arriveraient. Il leur a été demandé de ne pas laisser l'obscurité les arrêter, mais d'avancer. En secret, j'espérais que ce serait notre dernière ligne droite et que nous pourrions rester à Jouy jusqu'à ce qu'il soit sage de reprendre le chemin du retour.

Choisy à Jouy s'est déroulé sans incident . Les routes étaient excellentes, bien que très vallonnées et le seul incident qui a marqué notre voyage a été un individu ivre qui a sauté sur notre chemin et, posant la main sur mon guidon, m'a demandé en larmes ce que j'avais fait avec sa femme et ses enfants.

Je me suis déclaré innocent, ce qui l'a considérablement mis en colère.

"Maintenant, je sais que tu es un espion ! Descendez..." George ne lui laissa pas le temps de finir la phrase, mais d'un coup bien dosé, il l'envoya s'étaler dans le fossé de ronces et nous repartirent précipitamment sans nous retourner.

Il faisait nuit lorsque nous arrivâmes à Jouy , et à l'entrée de la ville je demandai quel était le meilleur hôtel.

— *Le Grand Turc* ... mais la patronne ferme et s'apprête à partir.

" Quoi ! Ici ? Tu ne veux pas dire que la peur a atteint cet endroit aussi ? "

"Eh bien, nous avons eu tellement de réfugiés ces jours-ci que les femmes ont eu peur et ont voulu partir."

George et moi nous séparâmes, lui pour voir ce qu'il pourrait trouver puisque le meilleur hôtel nous avait été refusé, et moi, intrépide, je me mis en route pour essayer de persuader la propriétaire de nous laisser entrer.

Après avoir beaucoup claqué sur les poignées de porte et frappé sur les volets, une voix féminine âcre m'a ordonné de partir.

"Je ferme et je pars."

"Partir ? Pour quoi faire ?"

"Pour échapper aux Allemands !"

"Quelle bêtise ! Ils n'arriveront jamais jusqu'ici. Je viens de la Marne et je compte trouver le gîte et le couvert pour mon état-major jusqu'à la fin de la guerre."

Cela l'a encouragée et, ouvrant la porte, elle a sorti la tête.

"J'appartiens à la Croix-Rouge. Voici mon insigne et ma *carte d'identité* . Vous ne pensez pas que vous pourriez me trouver une place ?"

"Eh bien, nous faisons nos valises, mais nous devrons attendre nos chevaux, qui sont dans une ferme à sept milles d'ici. Le fermier a dit qu'il viendrait s'il y avait le moindre danger."

"Eh bien, tu vois, il n'y en a pas, sinon il serait là maintenant."

Mon hôtesse parut convaincue et ouvrant la porte un peu plus grand, me laissa passer.

"Combien d'entre vous êtes-vous ?"

"Quatorze."

"Mon Dieu ! Quatorze chambres ? Jamais !"

" Je ne demande pas ça, ma bonne femme. Si vous pouvez me trouver un lit et avoir par hasard une baie vitrée ou une remise couverte, les autres seront bien contents d'y dormir. Quant aux repas, nous avons les nôtres. " provisions et je cuisinerai dehors. Il est cependant un peu tard ce soir, alors si vous parvenez à leur donner une tasse de soupe chaude et une omelette à leur arrivée, j'en vaut la peine.

Elle consentit au compromis et envoya une de ses filles préparer ma chambre. J'ai ensuite envoyé George, dont j'ai entendu la sonnette de vélo sonner dans la rue, à la porte de la ville pour attendre et diriger le reste de notre groupe. Dans l'heure qui s'est écoulée avant leur arrivée, j'ai gagné les bonnes grâces de l'hôtesse en incisant un doigt infecté et en pansant le genou écorché de sa petite fille.

Quand les autres arrivèrent, Georges, qui n'avait pas chômé pendant son attente, me dit que Jouy était presque vide d'habitants, et que la plupart des gens de Méry -sur-Marne, village proche de Villiers, logeaient pour la nuit. bottes de foin dans l'école et la mairie.

Notre repas terminé, aucun de nous n'a eu besoin d'être persuadé de prendre sa retraite et l'idée d'un lit m'a attiré tôt dans ma chambre.

Naturellement au sommeil léger, j'étais constamment réveillé par les allées et venues et les conversations de notre patronne, qui a continué à faire ses valises toute la nuit. Une autre fois, je fus réveillé par une cloche qui sonnait dans la rue et qui passait sous ma fenêtre, et par une voix grave et masculine qui enjoignait à tous les gens de Méry de se précipiter à la mairie. Les wagons partaient dans un quart d'heure.

"Pauvres imbéciles", pensai -je et je me retournai dans mon lit.

À mesure que le jour commençait à se faire jour, j'apercevais le flot interminable de réfugiés qui passaient sur la route, et quand je me fus habillé et couru vers la cour, je découvris que les autres avaient déjà allumé un feu et que le thé m'attendait.

« À quelle heure devons-nous commencer, Madame ?

"Commencer par où ?"

"Je n'ai pas la moindre intention d'aller plus loin. N'en avez-vous pas tous assez de ce genre de voyage ?"

La réponse fut affirmative et unanime !

"Le bruit du canon est à peine audible ce matin, ce qui est un signe très encourageant, j'en suis sûr, donc nous allons essayer de nous installer confortablement jusqu'à ce qu'il soit possible de rentrer chez nous en toute sécurité."

Et laissant Julie aux commandes, je suis parti seul, heureux d'un moment de solitude.

Au cours de mes pérégrinations, j'ai trouvé la porte de l'église ouverte et, en entrant, je me suis réjoui de la paix qui régnait à l'intérieur. Cela a calmé mon anxiété et, à mesure que je me retirais, mes pensées étaient plus claires et le fardeau de ma responsabilité semblait allégé.

Sur le chemin de l'hôtel, j'ai été abordée par une femme qui, avec un bébé dans les bras, conduisait une vache derrière elle.

"Tu ne veux pas de lait ?"

"Je ne le pense pas."

"S'il vous plaît, prenez-le. Vous voyez, je n'ai sauvé que mon bébé et ma vache, et je dois traire cette dernière deux fois par jour. Je ne peux pas transporter tout ce qu'elle donne, alors je garde le nécessaire et je jette le reste. Cela ressemble à un tel gaspillage. »

J'étais d'accord avec elle et je l'ai dirigée vers la cour de l'hôtel. Elle n'accepta aucune rémunération et, me remerciant, se hâta de partir.

Alors que je la regardais partir, quelqu'un m'a touché le bras et m'a demandé si j'allais à la mairie ; il y avait deux réfugiés qui avaient besoin d'aide. J'y trouvai un très vieux couple, frère et sœur, l'aîné âgé de quatre-vingt-douze ans, l'autre de deux ans plus jeune. Ils étaient de Méry , avaient logé dans une maison particulière à Jouy , et étaient si décrépits qu'ils ne s'étaient pas levés à temps pour rattraper les chariots qui emportaient la veille leurs concitoyens. Cela avait tellement bouleversé le vieil homme qu'il s'était effondré et s'était étendu en gémissant sur la paille, tandis que la douce petite femme expliquait que ce n'était pas l'être laissé derrière lui qui la dérangeait, mais que c'était son sac à main et ses affaires qui avaient été emportées dans le chariots.

Je les ai réconfortés du mieux que je pouvais, en leur promettant de leur envoyer du lait chaud et des biscuits, et en me demandant ce que je pourrais faire d'autre pour eux. De toute façon, ils ne devraient pas mourir de faim, tant que nous restions à Jouy .

Le déjeuner était bien avancé lorsque je rentrai à l'hôtel. Dans une marmite, posée sur un trépied en fer, au milieu de la cour pavée, un lapin mijotait doucement. Dans une autre, une fricassée de poulet sentait bon. Les femmes et les jeunes filles épluchaient des pommes de terre et des oignons qui devaient cuire dans la sauce et un éclat de rire s'éleva du joyeux groupe lorsque, quelques instants plus tard, Georges et Emile apparurent, couverts de farine et de pâte de la tête aux pieds, et chacun portant une bouteille de vin blanc sous le bras.

"Qu'est-ce que vous avez fait, les garçons ?"

"Voici en nous les boulangers de la ville !" » dit George d'un geste de la main et lui et son compagnon adoptèrent une attitude qui provoqua encore une fois beaucoup d'hilarité parmi les spectateurs.

" Ce n'est pas une blague, il n'y avait plus de boulanger sur place, alors nous avons trouvé un vieux gars qui a dit qu'il nous montrerait comment faire, et la pâte est en train de prendre. À trois heures, nous aurons du pain frais, vous voyez si nous ne le faisons pas ! »

De la fenêtre, la patronne et ses filles regardaient avec intérêt notre cuisine improvisée. Nous formions un groupe tellement amusant que, tendant mon kodak à Léon, je lui dis de nous rattraper pendant que je me penchais pour goûter la sauce.

Snap a déclenché le volet !

Au même instant, un cri s'éleva de l'intérieur de l'hôtel. En levant les yeux, je vis que la propriétaire et ses deux filles avaient disparu.

" *Au secours ! Au secours !* "

Les garçons et moi nous sommes précipités vers la maison. En entrant dans la *grande vente* , nous avons vu un homme portant une forme humaine dans ses bras, titubant à travers la porte. A travers le sang et la poussière qui tachaient les vêtements du malheureux garçon, je reconnus l'uniforme d'un chasseur. Pas même un pansement d'urgence n'arrêtait le jet qui coulait de sa joue.

"Vite, un matelas !" J'ai crié.

La patronne se tenait comme clouée à la porte qui menait à la cuisine.

"Est-il blessé ?"

"Peu importe, un matelas !"

"Mais il pourrait le salir..."

"Alors je paierai pour cela, mais pour l'amour du ciel, faites vite !"

À ce moment-là, la tête du garçon pencha en avant et le sang coula de sa bouche. Léon sauta au secours du vieil homme qui le tenait, et j'eus juste le temps de rattraper la patronne qui s'évanouissait sur le sol.

"Mettez le garçon sur la table de billard et mettez cette couverture sous sa tête", dis-je en attrapant l'article mentionné en haut d'un paquet à proximité . "Viens ici!" J'ai appelé les deux filles qui pleuraient dans la pièce voisine, terrifiées par ce qu'elles avaient vu. "Entrez ici, posez-la à plat, desserrez ses vêtements et versez-lui de l'eau froide. Elle n'est pas morte et je n'ai pas le temps de m'occuper d'elle."

Pendant que d'autres déposaient le blessé sur la table, je me précipitai vers ma mallette d'urgence que j'avais heureusement pensé à emporter.

Avec une paire de ciseaux bien aiguisés, j'ai coupé les vêtements ensanglantés et j'ai lavé mon patient avec un peu d'eau tiède pour voir ce qui se passait . Il n'était qu'à moitié conscient, et ses yeux roulaient sauvagement et sa main saisit la mienne et la tordit dans une agonie.

Je découvrais une petite blessure à la joue et je me félicitais que peut-être la balle s'était logée dans la chair, lorsqu'en tournant doucement la tête de côté, j'étais presque nauséeux devant la terrible blessure qui s'offrait à mes yeux.

Soit un pistolet Mauser , soit une balle explosive tirée à courte distance était entrée dans la joue et avait transpercé la tête du garçon, emportant une partie de l'oreille et bien, n'allons pas plus loin.

"Y a-t-il encore un médecin sur place ?" J'ai appelé le cuisinier qui regardait la porte. " Courez et voyez si vous pouvez l'attraper, car je suis incompétent ici. Vite ! C'est la vie ou la mort ! "

Et pendant son absence, j'ai mis du coton et de l'iode dans l'énorme cavité, dans l'espoir d'arrêter l'hémorragie. Pendant que je pansais, j'interrogeais l'homme qui l'avait amené.

"Où l'as-tu récupéré ?"

— Amillis ... à deux kilomètres d'ici. Les uhlans m'ont tiré dessus aussi lorsqu'ils m'ont vu l'aider. Regardez la semelle de ma chaussure ! Ils me suivent de près.

Je me dirigeai vers la fenêtre. "George et Léon ! Vite ! Lâchez tout. Attachez-vous et sortez d'ici comme l'éclair ! Je suivrai dans la charrette de cet homme. Attachez-vous et je vous dirai où aller."

Les fricassées de poulet et le ragoût de lapin étaient oubliés et j'entendais mes gens courir sauvagement dans la cour, obéissant aux ordres.

Le médecin est apparu. J'ai expliqué. "Dois-je débander ?"

"Inutile."

"Alors ne le dis pas à voix haute, car il n'est pas encore inconscient."

Le pauvre garçon m'a serré la main pour preuve. Le médecin devint écarlate.

"Je vais lui faire une injection d'éther et ensuite tu l'emmèneras dans ta charrette à l'hôpital le plus proche, c'est Provins , à vingt milles d'ici."

Il a enfoncé l'aiguille, puis me l'a tendue avec une fiole : « Tiens, prends ça. Je m'en vais. J'ai une femme et un bébé à sauver. Gardez son cœur en vie, il y a l'ombre d'une chance. Adieu ! "

Je restais pétrifié.

"Emmenez-le, je ferme ! Emmenez-le..." cria l'hôtesse, qui s'était remise de son évanouissement.

J'ai regardé le vieil homme qui avait amené le garçon.

"Où vas-tu avec ton chariot?"

"A Coulommiers ... pour sauver ma belle-sœur et ses enfants."

" Bon Dieu, mec ! Tu ne vois pas que si ce garçon a été blessé à Amillis ta route de Coulommiers est coupée ! "

"Ce n'est peut-être pas le cas."

"Je n'ai pas le temps de discuter. Mes chariots sont pleins à craquer. Allez-vous laisser ce garçon rester et se faire achever par les Allemands, ou allez-vous me laisser le mettre dans votre chariot et le conduire à l'hôpital ?"

"Mais Provins doit être occupé à cette heure-ci. C'est à l'est d'ici."

"Je n'ai jamais eu l'intention d'y aller. Je me dirige vers Melun ."

« Melun ?

"Oui."

" Bon Dieu ! Cela fait soixante-dix kilomètres ! Ma pauvre belle-sœur ! Mon cheval ! " gémit le vieux.

"Maintenant, un, deux, trois", dis-je en tapotant doucement mon Browning que j'avais sorti de ma poche extérieure. "Veux-tu le faire avec grâce ? C'est vrai. Maintenant, arrête de pleurer. Je te relâcherai dès que je pourrai trouver quelqu'un d'autre pour me prendre en charge. L'important est de sortir d'ici et vite ! Il est peut-être trop tard. maintenant."

Les garçons étaient allés chercher un matelas, avaient trouvé des oreillers et un drap quelque part, et doucement nous avons déposé le mourant sur la vieille charrette de ferme.

"Vous, les garçons, prenez vos vélos et avancez. Dites aux réfugiés que vous rencontrez de tirer à droite et de ne pas encombrer toute la route. Nous transportons un blessé à l'hôpital. Quand je pense que vous avez la voie libre, je' Je vais rouler à toute vitesse. Dites à nos charrettes de se diriger vers Melun et de continuer jusqu'à ce qu'elles y soient. Je ne peux pas les déranger. Nous nous retrouverons au premier pont sur la Seine.

Ils sont partis et, grimpant à côté de mon patient, qui se tordait de douleur, tantôt vacillant d'un côté, tantôt roulant de l'autre, j'ai essayé de le mettre aussi à l'aise que possible. Tous les autres chariots étaient partis avant que nous partions, et mon chauffeur en larmes continuait de grogner et de se lamenter.

A deux cents mètres de l'hôtel, là où la route fait un virage serré, nous nous arrêtâmes brusquement, car nous avions rencontré un groupe composé de mon garçon Georges et de trois chasseurs français. Deux étaient à cheval, leurs épées nues scintillant au soleil ; le troisième à vélo – et tous trois, ainsi que George, criaient avec enthousiasme à l'adresse d'un Tommy Atkins flegmatique qui, assis sur une borne kilométrique, fumait calmement sa pipe. Derrière lui, son cheval grignotait paisiblement de l'herbe. A la vue de mon brassard et du drap blanc agité dans le chariot, les chasseurs approchèrent en toute hâte.

" Qu'as-tu là ? Notre camarade Ballandreau ? "

"Oui." (J'avais vu le nom du garçon dans son livre militaire.)

"Est-il mort?"

"Non."

"Gravement blessé?"

"Oui."

" *Parlez-vous anglais ?* " ils ont bien braillé, tous les trois à la fois.

"Oui."

"Alors, pour l'amour de Dieu, dis à cet imbécile assis sur la pierre et dont le cheval est boiteux, de s'emparer de la bicyclette de ce paysan qui se tient là et de nous suivre."

J'ai traduit poliment.

"Pourquoi?" demanda l'Anglais en tirant sur sa pipe.

"Pourquoi?" demandai-je aux chasseurs.

"Pourquoi ? Tu vois ça ?" » dit quelqu'un sur un vélo, faisant volte-face et désignant la route derrière nous. " Vous voyez ça ? Ce sont les uhlans ... Ceux qui ont eu Ballandreau il y a une demi-heure, ceux qui ont eu mon cheval et ceux qui nous auront tous si nous nous arrêtons ici encore longtemps. "

"Les Uhlans !" J'ai crié à Tommy, lui montrant les formes avançant d'une demi-douzaine de cavaliers, dont les casques de cuir noir brillaient au soleil à un kilomètre et demi de la route.

— Ils sont sept, en patrouille, sept cents à suivre ! Viens, mon vieux, c'est maintenant ou jamais !

"Et moi... où dois-je aller ?" Dis-je en sautant dans le chariot, George le suivant.

"Au diable si tu veux, mais vite !"

L'avertissement n'est pas arrivé trop tôt. Nous avions été aperçus et des bruits aigus et sifflants dans l'herbe nous avaient dit, par-dessus nos perles, que nos poursuivants allemands n'avaient pas l'intention de nous laisser partir.

« À genoux, mec ! J'ai crié, entraînant le vieil homme avec moi alors que nous nous dirigeions vers le niveau du tableau de bord. Et, détachant une épingle de poitrine, je l'enfonçai sans pitié dans les flancs de notre canasson, qui bondit presque en nous jetant dehors.

Sifflement! Sifflement! Sifflement!

C'était comme si une nuée de sauterelles grouillait autour de nous.

Puis, quand j'ai levé les yeux, au sommet de la pente raide que nous gravissions, j'ai pu voir plusieurs cavaliers en uniforme et derrière eux une énorme colonne de fumée.

"Cieux!" J'ai haleté : " Cette fois, nous sommes attrapés, mais il est trop tard maintenant pour faire demi-tour. Nous sommes bien sûr prisonniers ! "

Deux cavaliers apparurent alors et se mirent tranquillement en route dans notre direction. Une seconde plus tard, j'ai reconnu l'uniforme britannique et j'ai respiré à nouveau.

"Retourner!" J'ai crié. "Retournez ! Les Allemands sont à nos trousses !"

Étonnés de parler leur langue maternelle, les hommes s'approchèrent.

"Dieu merci, voici quelqu'un pour nous diriger", dirent-ils en s'approchant et en saluant.

J'ai répondu avec un signe de tête.

« Nous sommes perdus, disaient-ils, coupés de notre brigade ».

"Ce n'est rien. Combien d'entre vous êtes-vous ? Assez pour combattre ? Les Allemands arrivent fort et vite."

"Nous ne sommes que deux et nos chevaux sont foutus. Nous avons été chassés   de Coulommiers ce matin."

Mon chauffeur a levé les mains et a sangloté.

"Le cheval de notre ami John est devenu boiteux et nous l'avons laissé au pied de la colline pendant que nous venions en reconnaissance. Nous ne pouvons pas le laisser là-bas tout seul."

"Il est parti... parti... je le jure. J'ai suivi les chasseurs français sur ma bicyclette, conduisant sa monture !"

"Dieu merci!"

"Maintenant, la question est de savoir jusqu'où les Allemands iront. Ils entreront probablement et occuperont la ville, et nous n'avons qu'une chose à faire : nous enfuir."

Sifflement! Sifflement! Whizz, le plomb a éclaboussé tout autour de nous !

Léon et Emile revinrent à cheval pour dire que la route était libre.

"Les Boches ", dis-je en désignant la colline.

"Allez, lâches !" » ont crié mes garçons d'un air de défi, George brandissant le fusil de mon blessé.

" Oh ! Madame, demandez leurs revolvers aux Anglais. Ils ont leurs fusils, nous sommes cinq armés, et le revolver de Monsieur en fait six ! C'est presque d'homme à homme. Ah ! s'il vous plaît, Madame ! " ils ont imploré.

Dans l'excitation du moment, j'ai failli perdre la tête et j'ai consenti. J'étais tellement travaillé que toute solution aurait semblé un soulagement. Les Britanniques m'ont vu mettre la main dans ma poche.

"Non non!" ont-ils plaidé. "Vous ne pouvez pas, si nous sommes attrapés, vous ne serez pas tués, mais assassinés, torturés ! Nous sommes les seuls à avoir le droit de tirer !"

"Mais ils ont rempli mon panier, quel que soit mon sexe !"

"C'est peut-être leur façon de faire la guerre, mais pas la nôtre. Maintenant, partez, vite."

Nous avons disparu derrière un bosquet d'arbres et avons parcouru la route dégagée aussi vite que nos chevaux nous le permettaient. Georges remonta furtivement sur sa roue pour voir si nos agresseurs nous suivaient, et revint radieux pour annoncer qu'après avoir atteint la moitié de l'addition, ils avaient fait demi-tour et galopaient pour prendre possession de Jouy — comme je l'avais prédit.

"Où est notre caserne la plus proche ?" » demanda l'un des Écossais. (Je voyais maintenant que j'avais un peu affaire aux Écossais.) Nous avons ralenti un peu.

« Où est notre caserne la plus proche ? » demanda l'un des Écossais.

"Comment diable voulez-vous que je le sache ? Jusqu'à ce que je vous rencontre, j'avais à peine réalisé qu'il y avait des troupes britanniques sur le continent !"

"Où vas-tu?"

— Melun . Il y a là une grosse garnison française en temps de paix. Vous serez toujours sûr d'y recevoir des ordres, à moins que nous ne rencontrions quelqu'un sur la route.

Ils pensèrent que c'était la meilleure idée et reculèrent au petit galop derrière ma caravane que j'avais maintenant rattrapée.

Nous avons trotté par monts et par vaux pendant plusieurs heures, mon pauvre garçon blessé se tordant toujours sur son lit d'agonie.

Vers quatre heures, nous avions atteint une longue étendue lisse où nous pouvions voir à droite et à gauche sur plusieurs kilomètres au-dessus des plaines. Bientôt, à un carrefour perpendiculaire au nôtre, j'aperçus un wagon à moteur. Il fut bientôt suivi d'un autre, puis d'un autre, et en avançant, nous atteignîmes le passage à temps pour voir les magasins Harrods, Whitley's, Swan & Edgar et un nombre interminable de moteurs de ravitaillement de l'armée anglaise venir droit vers nous.

Sachant qu'il serait impossible de passer avant que toute la longue file ne soit passée, j'ai traversé et j'ai vu que les Scots Greys allaient bientôt trouver des amis. J'ai appelé Léon et j'ai sorti une carte, je lui ai dit de revenir en arrière et de sortir une bouteille de champagne que j'avais cachée dans notre charrette à foin et de la présenter à nos amis soldats comme brassard et souvenir. Et puis nous avons avancé.

Deux minutes plus tard, à ma grande surprise, un gros klaxon de moteur a retenti sur la route derrière moi et en regardant en arrière, j'ai vu une voiture privée émerger de derrière l'un des moteurs anglais et tourner dans notre direction. Il s'agissait d'un véhicule à quatre places avec seulement deux occupants , un chauffeur et une femme portant un voile blanc ruisselant.

"Rapide!" J'ai crié, saisissant les rênes et tirant notre chariot plein au milieu de la route. "Ils doivent nous emmener, moi et le garçon, à Melun !"

Voyant sa délivrance si proche, mon vieil ami obéit aussitôt.

Le moteur, stupéfait par nos actions, ralentit.

"Bouge de là!" cria le chauffeur. "Es-tu fou ! Sortez ou je vous écrase !"

"Jamais ! Écoutez. Peu m'importe où vous allez, mais il faut me faire de la place, moi et un mourant, dans votre machine. C'est Melun ... ou rien !"

"Blessés ! Ciel, les Allemands ! Nous sommes pris ! Allez, vite, vite, dis-je !" cria la femme.

Le chauffeur fit un mouvement comme pour nous dépasser.

"Non, ce n'est pas le cas", dis-je, présentant une fois de plus mon fidèle Browning.

La femme cacha son visage dans ses mains.

"Maintenant, soit tu peux nous faire de la place, soit je fais sauter tes pneus et tu devras descendre et marcher comme nous tous !"

Mon chauffeur aux cheveux gris jubilait.

"C'est vrai, Madame, vous avez réussi !" il a encouragé.

Il n'y avait tout simplement pas le choix. Le chauffeur descendit et commença à empiler les bidons d'essence sur la banquette arrière, sur le côté. Puis, chacun de nous attrapant un coin du matelas, nous avons hissé le malade sur la machine en le recouvrant d'un drap. Malgré tous nos efforts, nous ne parvenions pas à le faire plier les genoux, et en conséquence, pendant tout le voyage, le pauvre chauffeur recevait des coups de pied constants de l'âme angoissée vers laquelle nous nous précipitions vers l'aide chirurgicale.

"Maintenant," dis-je en me tournant vers mon ancien chauffeur. "Merci pour votre charrette, et bon voyage à Coulommiers . Georges, dites à mes gens de me retrouver à Melun ."

Et sans chapeau, sans manteau, avec un seul louis d'or en poche (j'avais confié mon sac à Julie lors de l'arrivée du blessé à Jouy), je partis pour notre voyage record à Melun .

VII

C'était un voyage passionnant, cette course à la vie et à la mort – car à chaque instant je savais que mon garçon blessé s'affaiblissait, et chaque coup de pied convulsif signifiait la disparition de tant de sang vital. Au cours des nombreuses aventures qui nous sont arrivées entre le moment où nous avons quitté Jouy -le- Chatel et notre rencontre avec le moteur, mon aiguille hypodermique avait reçu un traitement si violent qu'elle avait refusé de fonctionner. Alors, lorsque nous sommes entrés à toute vitesse dans Mormont, j'ai été obligé de demander à mon chauffeur de ralentir et de demander un médecin. Nous étions dirigés par un couple de femmes béantes aux limites de la petite ville, qui ne comprenaient pas bien notre mission. Cependant, ils ont dû être vite éclairés, car alors que nous traversions la place publique, les ambulances de la Croix-Rouge britannique affluaient et s'alignaient en bataille. Derrière eux arrivait un flot constant de wagons de munitions, à cheval et à moteur, et de Mormont à Melun la ligne était ininterrompue.

Le médecin était absent, mais sa femme a volontiers pris sa place et, avec un nouvel espoir naissant, nous avons reculé hors de la cour et avons filé vers le sud.

Quel était le paysage que nous avons traversé, je ne pourrais vraiment pas le dire. J'ai eu la sensation rêveuse d'avoir renversé le chien d'un réfugié et d'entendre son propriétaire nous souhaiter des climats plus chauds - ainsi que le sentiment que mon tablier taché de sang et le drap blanc agité à côté de moi suscitaient beaucoup de curiosité parmi les conducteurs et les occupants du les moteurs ASC qui occupaient tout un côté de la route.

Un à un, les bornes kilométriques défilaient et nous arrivions enfin à Melun.

"Où est l'hôpital le plus proche ?" J'ai demandé s'il y avait un groupe de soldats qui rôdaient devant une caserne.

"Abandonnez ! Tous évacués !"

Notre chauffeur n'en avait pas besoin de plus et nous avons donc continué notre route vers la ville, pendant que je mimais à ceux qui me suivaient que j'avais un homme blessé dans les bras.

Devant l'hôtel de ville se tenait un rassemblement bruyant et, en réponse à nos questions, un homme d'âge moyen a sauté sur la marche.

" Allez-y, je vais vous guider. Les sept hôpitaux de Melun ont été transférés ce matin à Orléans. Il ne reste que l'hôpital mixte. "

Après ce qui semblait un temps interminable, nous avons finalement gravi une longue colline et après de longues discussions, j'ai réussi à remettre mon patient aux autorités médicales.

Par la porte entrouverte du petit bureau étouffant où j'étais conduit, j'apercevais un médecin en tablier blanc et une infirmière en train de panser correctement mon garçon. Lorsque mes *compagnons de route* furent partis, je sortis dans la salle et me dirigeai directement vers le lit.

"Y a-t-il un espoir ?"

"Pas une chance sur un million ! Si seulement nous avions le droit de leur épargner de telles souffrances ! La morphine n'est plus d'aucune utilité dans son cas !"

Ce fut un choc d'entendre cela. Le garçon, qui, quelques heures auparavant, m'était inconnu, est soudain devenu très cher. Je me suis retourné pour cacher mon émotion, mais j'ai été surpris par la double rangée de lits blancs sur lesquels se tordaient des hommes et des garçons dans la plus horrible agonie, et pourtant aucun son ne sortait de leurs lèvres. Au milieu de la pièce, un deuxième médecin, un homme élancé avec une barbe pointue, se lavait les mains puis commença à enfiler une paire de longs gants en caoutchouc. Il se dirigea vers un bassin et, après avoir stérilisé ses instruments, chercha de l'aide autour de lui.

« Puis-je faire quelque chose pour vous, docteur ?

Pas du tout surpris par mon audace, il m'a demandé : « Êtes-vous infirmière ?

"Non."

"Avez-vous déjà vu une opération. "

"Oui."

J'ai menti.

"Avez-vous un bon tempérament ?"

"Oui."

"Alors viens ici et tiens ce bassin." J'obéis, puis le docteur Jean Masbrennier commença une série d'opérations qui resteront à jamais gravées dans ma mémoire.

Pendant qu'il travaillait, il parlait et m'informait que la Croix-Rouge avait été évacuée en toute hâte dans la matinée, avec les médecins et tout le reste. Seuls ceux qui n'avaient pas pu être déplacés avaient été laissés sur place, et seuls deux médecins civils étaient restés pour les soigner. Mais il restait une infirmière pour faire tous les pansements. C'est pour cela que j'avais été mis en service. Il ne fallut pas longtemps pour trouver une connaissance commune en la personne d'Elizabeth Gauthier, et le médecin connaissait depuis longtemps l'œuvre de H..

Il serait inutile de décrire les horreurs dont j'ai été témoin, ni de tenter de rendre justice à la manière héroïque dont ces premiers glorieux blessés de cette longue guerre ont accepté leur sort. Je ne peux cependant m'empêcher de mentionner l'endurance d'un grand Sénégalais noir , qui a gagné l'admiration des médecins et des voisins en refusant la morphine ou la cocaïne et en insistant pour qu'on lui retire ainsi les sept balles logées dans son cou et sa gorge, sans jamais prononcer un mot. un murmure !

Quand ce fut fini, et que nous l'avons finalement allongé sur son oreiller, les larmes coulaient sur ses joues et il a serré ma main dans sa grosse patte noire puis l'a doucement portée à ses lèvres.

Combien y a-t-il de blessés ? Je n'ai pas compté. Tout ce dont je me souviens, c'est que j'avais promis de venir le lendemain et d'écrire des lettres aux épouses, mères et amies d'au moins une douzaine d'hommes et de garçons.

Il était tard lorsque la dernière cuvette fut vidée et que le docteur Masbrennier dénoua son tablier.

Pendant que nous faisions la vaisselle, je lui ai demandé s'il aurait la gentillesse de me guider hors de l'hôpital et de me dire où se trouvait un restaurant respectable où une femme pourrait se rendre seule.

"Je n'ai ni chapeau, ni manteau, ni gants. Ils arrivent dans les charrettes."

"C'est vrai ; peut-être que tu n'as rien mangé depuis le déjeuner et que je te fais travailler le ventre vide !"

"Pire que ça!" J'ai ri.

"Quoi?"

"Rien depuis le petit déjeuner à Jouy -le- Chatel ."

"Bon Dieu, femme !" Et me prenant par le bras, il m'entraîna dans le couloir.

Alors que nous franchissions la porte d'entrée, un officier supérieur arrêta le Dr Masbrennier et, bien que je m'avançais hors de portée de voix, les mots « évacuation » et « ce soir » étaient distinctement audibles. Une seconde plus tard, mon compagnon me rattrapa.

"Je suis désolé de ne pouvoir vous accompagner, mais tout l'hôpital part immédiatement à Orléans. Il faut faire de la place aux nouveaux arrivants ! Je téléphone à la maison. La *gouvernante* vous mettra à l'aise." Et il a continué à me donner des indications explicites sur la manière de rejoindre sa maison.

"Tu ferais mieux de venir à Orléans où nous pourrons nous occuper de toi."

"Désolé, mais je suis allé assez loin vers le sud."

" *Alors au revoir et grand merci.* "

" *Au revoir.* "

Et une seconde plus tard, je me retrouvais dehors, dans l'obscurité glaciale.

Pour la première fois de ma vie, j'ai eu la sensation d'être complètement seule. Personne au monde ne savait où j'étais et si je n'avais pas eu confiance dans la promesse d'un dîner chaud du docteur Masbrennier , j'aurais volontiers cédé à un petit accès de désespoir. J'errais ainsi dans les rues sombres et noires de Melun , où pas un lampadaire, ni une vitrine n'étaient allumées, où pas un être humain ne semblait bouger. Où était ma petite troupe ? Comment et quand nous retrouverions-nous tous ?

En ruminant, j'arrivai à un pont. Une sentinelle m'a braqué une lampe de poche au visage.

" *On ne passe pas !* "

J'ai montré mon brassard et il s'est écarté.

A mi-chemin, je distinguai deux formes humaines penchées sur la balustrade, et suivant leur exemple j'aperçus une demi-douzaine *d'hommes du génie* travaillant avec acharnement à creuser les fondations de l'arc central. Donc ces ponts devaient aussi sauter ! Que devais-je faire ? Rester de l'autre côté et attendre ma caravane ou traverser et risquer mes chances seul ? Un réflecteur basculait vers le haut, illuminant le pont.

"George!" J'ai haleté.

L'un des deux personnages se redressa brusquement ! En une seconde, les garçons m'avaient reconnu. « Que fais-tu ici ? Où sont les autres ?

J'ai posé une douzaine de questions passionnées, sans leur laisser le temps de répondre. Presque essoufflé, je me suis arrêté et on m'a expliqué que la caravane était arrêtée aux portes de Melun . Aucun réfugié n'était autorisé à entrer après la tombée de la nuit. Heureusement, les garçons ont pensé aux vêtements et aux armes de mon blessé et grâce à eux ils ont pu passer et les remettre à la gendarmerie. Se souvenant que j'avais des amis à Barbizon, ils y avaient envoyé les autres par un détour et étaient venus me trouver.

"Mais comment es-tu arrivé ici ?"

"César nous a amené."

"Où est-il ? Et Betsy ?"

"Oh, nous avons trouvé un dentiste qui avait une écurie vide. Il les a accueillis. Betsy a refusé de quitter le chariot. Elle n'a jamais fait un tel pique-nique de sa vie : elle a voyagé toute la journée dans une boîte de dix livres de sucre en morceaux !"

Toute inquiétude avait disparu, maintenant que je trouvais ma ligne de conduite tracée pour moi. L'essentiel, à présent, était de trouver quelque chose à manger. Nous avons donc gravi la colline dans une obscurité toujours plus profonde. Nous avons marché en silence sur une distance qui semblait interminable. Un jour, j'ai cru m'être trompé de direction et j'étais sur le point de désespérer quand le piétinement des pas venant vers nous a ravivé l'espoir. Une seconde plus tard, un bras musclé a tourné une lanterne vers mon visage et un énorme chien policier a grogné près de mes talons.

"C'est vous qui allez chez le docteur Masbrennier ?"

"Oui."

" *Très bien* . Est-ce que ces garçons sont avec toi ? »

"Oui."

"Alors suis-moi. Nous fermons la maison du médecin, mais je veillerai sur toi."

Sans plus attendre, nous suivions péniblement notre guide qui, après encore une centaine de mètres, se transforma en une porte d'entrée et nous conduisit sur les marches de pierre d'une somptueuse demeure. Ouvrant la porte, il alluma la lumière électrique et entra dans le vestibule.

"Entrez", dit-il. "Je reviens dans un instant." Et il a disparu.

Nous étions là, Léon, George et moi, attendant que quelque chose se passe, que quelqu'un apparaisse. Cinq... dix... quinze minutes ont dû s'écouler — toujours aucun bruit nulle part. Je commençais à peine à me demander si nous n'avions pas été dupes d'une plaisanterie, lorsque d'une pièce ouverte sur le vestibule jaillit une lumière. Les rideaux s'écartèrent et notre ami du grand chemin apparut.

"Ce n'est pas grand-chose, mais tel quel, vous êtes les bienvenus. Asseyez-vous et installez-vous confortablement." Et encore une fois, il a disparu.

Sur une nappe blanche comme neige, trois couvertures étaient posées et un dîner alléchant composé de pain et de beurre, de fromage, d'une bouteille de vin blanc et d'un immense panier de raisins et de poires de serre les plus succulents - réjouissait notre regard affamé. Nous n'avons pas eu besoin d'une deuxième invitation ! Nous nous sommes vengés et, au bout d'un quart d'heure, il n'en restait presque plus une miette.

"Quand vous aurez fini, montez; Madame prendra la première porte à droite. Vous les garçons, montez un étage plus haut", cria une voix d'en haut.

Nous obéissons et, avant de me retirer, j'attendis une bonne demi-heure en espérant que notre ami réapparaisse. Mais personne n'est venu, alors j'ai verrouillé ma porte, j'ai offert une prière de remerciement et je me suis vite endormi.

Dimanche matin, 6 septembre, le soleil était haut dans le ciel lorsque j'ai regardé sous mes draps bordés de dentelle et j'ai tendu l'oreille au bruit familier du canon. C'était un long rugissement continu, et maintenant que j'étais habitué à prendre mes distances, j'estimais que la bataille avait commencé à Mormont. Et je ne m'étais pas trompé. Un peu plus tard, les nouvelles officielles ont confirmé ma supposition.

Ne trouvant pas de cloche dans ma chambre, j'ouvris la porte et vis un pichet d'eau chaude posé devant, et sur une chaise à côté, un peigne neuf, un plumeau de linge propre et un mouchoir de poche. Un bref mot m'informait que je prendrais le petit-déjeuner dans la salle à manger et me demandait de laisser un mot sur la table indiquant à quelle heure j'arriverais pour le déjeuner. Décidément, le mystère s'approfondit, car on n'entendait aucun bruit sauf dans le jardin où j'apercevais Georges et Léon, qui m'apprirent que la maison était vide et « une maison magnifique, Madame ! ils ont éjaculé avec admiration.

Bien qu'en partie abandonnée, Melun était pleine de vie, grâce à la présence de nombreuses troupes britanniques et cette même longue file d'ASC quadruplait désormais sur la grande route : deux lignes à l'aller, deux lignes à l'arrivée.

Alors que je me faufilais entre eux et traversais la rue, mon attention fut attirée par un paysan français qui conversait en langage des signes avec le beau conducteur d'une de ces camionnettes, tandis que plusieurs enfants réclamaient à grands cris qu'on les laisse s'asseoir. sur le siège un moment, "juste pour voir à quoi cela ressemblait".

"Puis-je être utile ?"

"Plutôt ! Ça fait du bien d'entendre l'anglais, merci."

"Vraiment?"

"Oui. Puis-je vous demander d'où vous venez ?"

"Les États."

"Connaissez-vous Cleveland?"

"Oui."

"Eh bien, j'ai une mère et trois frères enterrés dans ce cimetière. Des coloniaux, vous savez. Je suis anglais – de Bath – le fils aîné. Je ne pouvais pas voir les choses à leur façon. Peut-être que ça aurait été mieux si j'avais rejoint le d'autres là-bas.

J'ai souri à cette confession inattendue et impromptue. Le garçon le vit et rougit.

« Y a-t-il quelque chose de particulier que vous voudriez que je dise à cet homme pour vous ? » dis-je précipitamment pour couvrir son embarras.

"Non, merci. Mais il y a une chose que tu pourrais peut-être me dire."

"Quoi?"

"Pensez-vous que nous serons 'à la maison' à temps pour le dîner de Noël ?"

"Plutôt!"

"Merci beaucoup ! Au revoir."

"Au revoir et bonne chance à toi."

Et après avoir pris sa photo, j'ai commencé à descendre la rue en toute hâte, car je pouvais voir George et Léon, qui étaient partis devant, courant maintenant vers moi.

" *Vite* , Madame. Ils ont besoin de vous ! "

"OMS?"

"Les Anglais. Ils n'arrivent pas à faire comprendre aux gens."

J'ai avancé et suis tombé sur une foule de bouches ouvertes debout devant un magasin. Deux officiers anglais se disputaient dans leur langue maternelle avec un boucher en colère, qui agitait sauvagement un bras en l'air et brandissait un énorme couteau de l'autre, criant frénétiquement tout en criant :

"La'voila-la voila!" dirent George et Léon, m'entraînant presque en avant, fiers d'exposer mes réalisations. " *Et voilà ! Vous etes sauvez* . "

Mon plus grand désir était de faire demi-tour et de courir, mais la foule s'est écartée pour me laisser passer.

" Cela vous dérangerait, Madame ? " plaida le lieutenant. "Nous avons besoin de votre aide pour faire comprendre à cet homme que nous réquisitionnons de la viande pour l'armée. Nous paierons cash, mais autant la donner gracieusement, car nous avons le droit de forcer sa glacière s'il refuse. "

J'ai expliqué doucement, et quand les choses étaient calmes, j'étais sur le point de   s'éclipser.
L'officier m'a touché à l'épaule.

"Je suis désolé, Madame, mais j'ai bien peur que nous devions vous recruter également. Notre temps est limité et si une scène comme celle-ci se produit dans chaque magasin, nous serons punis pour retard ! Voici mon ordre de recrutement. un interprète", et il mit la main dans sa poche.

J'étais quelque peu gêné.

« Puis-je vous demander quand vous me relâcherez ?

"Dès que nous aurons l'approvisionnement dont nous avons besoin."

"Voulez-vous me donner dix minutes pour arranger mes affaires ici ?"

"Certainement. Mais n'oubliez pas que vous êtes en liberté conditionnelle !"

Dehors, j'expliquai la situation à George et Léon et, griffonnant un mot à des amis à Barbizon, je dis aux garçons de venir rassurer les autres, de les installer confortablement à la *Clef d'Or* et de leur dire de m'attendre ce soir-là.

— Quoi qu'il arrive, attendez là jusqu'à ce que j'arrive. Il n'y a aucun danger que   les Allemands atteignent Barbizon, j'imagine !

Et c'est ainsi que de neuf heures du matin jusqu'à tard dans l'après-midi, je me suis assis perché à l'avant d'un camion de ravitaillement de l'armée britannique, au grand amusement des autres Tommy Atkins rencontrés à Melun et dans les villages voisins.

Mes amis officiers m'ont conduit très courtoisement à l'hôpital où j'ai appris que mon pauvre *chasseur blessé* Ballandreau était décédé dans la nuit, et vers cinq heures, leur tâche terminée, ils m'offrèrent du thé et me proposèrent de me conduire à Barbizon. Alors que nous dévalions la colline en direction du passage à niveau, notre attention fut attirée par un immense rassemblement de citoyens et de soldats, et au-dessus du rugissement de notre moteur, nous pouvions entendre le roulement d'un tambour. Le silence régna instantanément et un officier en uniforme au milieu du groupe lut un court message tiré d'un journal qu'il tenait à la main. Ce qu'il a dit, nous ne pouvions pas l'entendre, mais le cri de joie fou qui s'est élevé lorsqu'il a eu fini nous a donné envie d'apprendre la nouvelle. Comme un éclair, « Paris sauvé, les Allemands en retraite » couraient de bouche en bouche, et l'excitation délirante qui s'emparait de cette foule était absolument indescriptible. Jeunes et vieux, Anglais et Français, paysans et bourgeois, se jetèrent au cou et échangèrent une joyeuse étreinte. La terrible tension du mois dernier fut brisée et le mot victoire fut prononcé par des milliers de gorges soudain rauques d'émotion.

Mon arrivée et la nouvelle que j'en apportai firent sensation parmi mes serviteurs et les derniers habitants du célèbre village de Millet. Barbizon était morte, littéralement déserte, car il ne restait plus un seul membre de cette charmante colonie d'été, plusieurs hôtels étaient fermés et les autres aussi vides qu'au cœur de l'hiver. La propriétaire de la *Clef d'Or* m'a fait une offre de *séjour très alléchante* , mais j'ai jugé, avec raison, que puisque la retraite allemande avait commencé, nous ferions mieux de suivre de près l'armée victorieuse, car si nous attendions l'ordre était rétablie, des patrouilles seraient organisées et nous, qui n'avions pas de papiers permettant de nous identifier, ne serions pas autorisés à passer.

Avant de me coucher, j'annonçai mon intention de repartir chez moi, et la joie qui illuminait ces visages inquiets calma un peu mes propres appréhensions, car maintenant que notre aventure était terminée en toute sécurité, je ne pouvais m'empêcher de m'inquiéter pour les absents.

En touchant mon lit, je me rappelai mon logement de la veille, et je compris que je ne connaissais ni le nom ni l'adresse de la personne généreuse, dans le somptueux domicile de laquelle j'avais été si cordialement reçu et si gracieusement soigné. Comment et qui devais-je remercier ?

Léon, Emile et un robuste garçon boucher de Charly qui avaient rejoint les autres sur la route, étaient désormais décidés à s'enrôler. Je ne pouvais donc qu'encourager leurs sentiments patriotiques et je les accompagnai au bureau de recrutement pour fournir une preuve de leur identité.

De toute évidence, beaucoup d'autres jeunes en âge de servir dans l'armée avaient été inspirés par la même idée, car il y avait une longue file d'attente devant la porte, et pendant que nous attendions, nous examinions avec intérêt les montures du régiment de cavalerie anglais alignées dans la rue en attendant leur arrivée. cavaliers. George et Léon touchaient avec impatience un long rouleau de corde jeté sur le pommeau d'une selle, quand une voix grave derrière eux éjacula :

"Je suppose que tu n'as jamais vu ça auparavant. C'est un lasso."

J'ai expliqué, puis en regardant autour de moi, j'ai vu un individu long et dégingandé, les mains sur les hanches, nous prenant littéralement tous à l'intérieur.

"Penses-tu que tu peux leur dire ce que c'est, ma sœur ?"

"Je le pense."

"Alors tu dois être de chez toi !"

"Si vous parlez des États-Unis, oui."

« À h... avec les États ! L'État — Texas !

Je n'ai pas trouvé nécessaire de traduire cela. "Dis, par hasard, tu n'aurais pas de rasoir sur toi ?" s'enquit-il. Je répondis que je n'avais pas l'habitude de porter de tels objets sur moi.

"Je ne voulais pas vous offenser, mais puisque vous parlez cette langue, vous pourriez peut-être persuader l'un de ces enfants d'aller m'en acheter un."

J'ai dit que je pensais que je pourrais le faire, et mon compatriote produisant un double aigle américain a enjoint à Leon d'être rapide et que cela en vaudrait la peine.

"Vous voyez," expliqua-t-il, "un rasoir est tout ce dont j'ai besoin pour compléter ma tenue. J'ai un Winchester, deux revolvers, un couteau Bowie, une lance et un lasso. Le rasoir est plat et facile à transporter. Il pourrait être utile aussi. Rien de tel que d'être correctement armé. Si je dois vendre ma peau, je parie que je la vendrai cher ! »

Léon revint et j'allais demander à mon ami de nous faire une petite démonstration de son habileté avec la corde, lorsque l'appel aux armes l'obligea à partir. M'ordonnant donc de saluer Broadway, il partit très content du monde en général et de lui-même en particulier.

De diverses sources, même si aucune n'était officielle, j'appris que la route jusqu'à Coulommiers était libre. C'était tout ce que nous voulions savoir, alors après avoir accompagné les garçons vers Orléans, une caravane très diminuée commença son voyage de retour. Les chevaux, après deux jours de repos, étaient tout à fait étourdis, et les charrettes étant légères, ils nous transportèrent sur la nouvelle route du nord jusqu'à Pézarches avec peu d'arrêts. Le pays que nous traversons, bien qu'abandonné par ses habitants, ne présente aucune trace d'invasion. Les Allemands n'avaient pas pu pousser aussi loin vers l'ouest. Je comptais faire dormir Coulonimiers , mais la nuit tomba tôt et avec elle une bruine fraîche qui nous envoya à la recherche d'un logement. On ne voyait personne nulle part, et comme toutes les maisons étaient fermées, je jugeai imprudent de forcer une porte. Nous avons donc avancé jusqu'à la lisière de la forêt, espérant que la pluie cesserait bientôt.

Bientôt, quelqu'un découvrit un ermitage abandonné par la porte basse duquel nous nous faufilâmes et étalâmes nos couvertures sur le sol, prêts à y passer la nuit, heureux d'être à l'abri de l'humidité.

"Écoutez!" siffla George, juste au moment où nous nous endormions.

Nous nous sommes tous assis.

"Voilà ! C'est la troisième balle qui atterrit sur ce toit !"

Ra-ta-pan- Ratapan ! Il n'y avait aucun doute sur le son, même à travers le vent et la pluie qui faisaient rage dehors.

George rampa à genoux vers l'ouverture et, une seconde plus tard, sauta en arrière, mettant sa main sur sa tête avec un cri sourd.

"Il est abattu !" s'écria Julie.

J'ai bondi en avant, j'ai attrapé la lanterne et, en la maintenant en place, j'ai ouvert les doigts crispés du garçon. Alors qu'ils se séparaient, une lourde ronce de marronnier d'Inde tomba sur le sol avec un bruit sourd !

Nous étions trop nerveux pour apprécier l'humour de la situation et avons eu un peu de mal à nous reprendre pour nous reposer.

A mesure que nous approchions de Coulommiers le lendemain matin, les horreurs de la guerre devenaient de plus en plus évidentes. Des deux côtés de la chaussée, les champs étaient jonchés de laurier et de paille. Tous les dix pas, la terre était brûlée ou carbonisée, et par endroits la fumée s'élevait encore des feux de camp mourants. Des os, des bouteilles et des boîtes de conserve en quantités extraordinaires étaient éparpillés dans toutes les directions, et un demi-mile avant que nous atteignions la ville elle-même, un cheval mort gisait abandonné dans un fossé.

C'est alors que nous sommes accueillis par un groupe de réfugiés débraillés qui nous avertissent qu'il serait inutile d'essayer d'entrer dans Coulommiers .

"Nous sommes de Neuilly-Saint-Front, nous rentrons chez nous, mais il ne semble pas que nous ayons beaucoup de chances d'aller plus loin. L'endroit est aux mains des autorités militaires, avec ordre de ne laisser passer personne."

Nous nous arrêtâmes et Georges poursuivit son chemin et interrogea une sentinelle, revenant avec une réponse négative et l'information que Coulommiers était dans un assez mauvais état après le pillage.

"Ça ne peut pas être pire que *La Ferté Gauche*. " Et au-delà du rugissement presque assourdissant du canon, un vieil homme nous a dit que sa caravane avait été capturée par les Allemands, dépouillé de tout ce qu'ils possédaient, séparé de leurs femmes, et Avec des sentinelles armées à leur suite, ils avaient été contraints de travailler à la construction d'un pont temporaire pour remplacer celui que les Français avaient fait sauter.

"Je m'en suis sorti facilement - avec seulement quelques marques de cuir brut", murmura-t-il, "mais mon frère (et il montra une silhouette masculine très corpulente enroulée dans une couverture et assis immobile sur les marches d'un relais routier abandonné))—"mon frère est presque foutu ! Vous voyez, il est myope et peu habitué au travail manuel, et chaque fois qu'il manquait son clou avec le marteau, le lâche allemand lui frappait les côtes avec la pointe de sa baïonnette. Soixante-douze blessures ! »

"Et vos femmes ?"

"Dieu sait ce qu'ils leur ont fait ! Ma femme n'arrête pas de sangloter depuis notre rencontre. Elle est hébétée, je n'arrive pas à la faire parler."

Alors qu'il poursuivait son récit aléatoire, heureux de la sympathie de ses camarades, j'ai aperçu une file de chariots de ravitaillement de l'armée britannique qui avançaient sur la route. Le chef s'arrêta et, descendant, le chauffeur entra dans la première des habitations abandonnées devant laquelle nous nous trouvions. Bientôt, il réapparut.

"C'est juste ma chance ! Je dis" - (et ceci s'adressant à notre groupe avec une sorte d'expression vide et désespérée) "Je suppose qu'aucun d'entre vous, les Français, ne sait où je pourrais trouver une tasse de thé !"

J'ai éclaté de rire, à son grand étonnement.

"Pas nulle part par ici, à moins que tu sois prêt à attendre que je puisse allumer suffisamment de feu pour en faire un !"

L'homme rougit pourpre.

"Ah—je ne pouvais pas penser—"

"Pas de problème. Demandez à l'un de vos hommes d'allumer un feu et, vantardise   à   part   , je vous préparerai une tasse comme vous n'en avez pas eu depuis que vous avez quitté l'Angleterre."

Aussitôt dit, aussitôt fait, et un quart d'heure plus tard, une demi-douzaine de Tommy Atkins sirotaient du Kardomah chaud avec du sucre et du lait concentré dans des tasses en fer blanc.

" Vous avez certainement raison : les Français ne savent pas comment faire, du moins dans ces régions. J'ai eu une théière hier matin qui était aussi proche d'un mélange d'herbes cuites et d'eau Hunyadi que j'espère jamais goûter. Et maintenant , n'y a-t-il pas quelque chose que nous puissions faire pour vous ?"

"Dis-moi où tu vas?"

L'homme sortit un carnet et montra un nom.

"La Ferté -sous- Jouarre ?"

"Oui, c'est ça. Je n'oserais pas m'y attaquer."

"La route est-elle libre ? On peut y aller ? C'est à seulement quinze kilomètres de chez moi."

"Je ne sais pas s'ils vous laisseront passer, mais si vous êtes malin et que vous nous suivez de près avec votre brassard de la Croix-Rouge, il n'y a qu'une chance, c'est tout."

Je n'ai pas eu besoin d'une seconde offre et après avoir averti mes hommes de ne pas parler si nous rencontrions des sentinelles mais d'avoir confiance en moi, nous avons continué. Nos amis de l'armée, dotés de meilleurs chevaux, nous laissèrent bientôt à l'arrière, mais nous continuâmes sans nous décourager, atteignant enfin les hauteurs qui dominaient La Ferté et nous conduisirent au village de Jouarre , perché sur le flanc de la colline qui court vers la Marne.

Oh, les spectacles pitoyables qui se présentaient à nos regards tandis que nous parcourions ces routes magnifiques, maintenant pleines d'ornières et pleines de boue jusqu'aux genoux ! À perte de vue, le pays tout entier avait servi de camp immense à l'envahisseur et, lorsqu'il avait été contraint de fuir, il avait saccagé et détruit tout ce qui se trouvait à sa portée. Les merveilleux champs fertiles avaient été souillés, pollués et, parmi d'autres preuves accablantes de leur fureur, les ruines fumantes de chaque ferme se dressaient comme des spectres sous un soleil éclatant.

A l'entrée de La Ferté, notre route était barrée par deux sentinelles, de vieux paysans, par leurs regards. J'ai joué à maman et j'ai tapoté mon brassard de la Croix-Rouge.

" *Non , on ne passe pas !* "

Je leur ai fait signe et j'ai fouillé parmi mes papiers à la recherche de ma *carte d'identité* . Ils s'approchèrent du chariot, mais ce faisant, ma fidèle Betsy poussa un grognement de colère.

"Vers le bas!" J'ai commandé en anglais. "À terre ! Dis-je ! Ils ne vont pas me faire de mal !"

Ces phrases ont été ma perte !

"Oh, ho!" disaient mes interlocuteurs. — Et après, tu crois que tu vas nous dépasser ? Nous avons assez de Boches ici. Tu peux entrer, mais entre nous !

Et sautant de chaque côté de moi, l'un d'eux prit les rênes et s'avança. Être pris pour un espion était une sensation toute nouvelle et très désagréable.

"Mais, messieurs", protestai-je calmement, "je suis connu dans cet endroit. S'il reste un habitant, je serai identifié dans une seconde. Comme vous vous sentirez vert si vous me traînez devant un officier et vous trouvez. " je me trompe !"

Ils étaient implacables.

J'ai invoqué ma carte d'identité.

Non, ils m'avaient entendu parler dans une langue étrangère et, pour eux, toutes les langues étrangères étaient l'allemand !

Nous sommes donc entrés dans La Ferté .

Les portes et les fenêtres n'existaient plus – les premières avaient été réduites en éclats par la crosse des fusils, tandis que les secondes étaient réduites en poudre et de leurs ouvertures sortaient des vêtements de lit, des parures personnelles et des effets personnels en lambeaux et en lambeaux – tous volontairement souillés par la boue et la crasse.

Il était inutile d'essayer de conduire notre charrette dans la rue principale, alors appelant un camarade de passage, mes détenus lui ordonnèrent de retenir mon cheval jusqu'à ce qu'ils reviennent après avoir *fait leur affaire* , comme ils l'exprimaient.

Les vitrines de chaque magasin gisaient en milliers de morceaux sous leurs châssis, et tout le stock de marchandises, meubles ou draperies, produits d'épicerie ou produits laitiers, avait été projeté à travers elles au milieu de la rue. Au-dessus s'entassaient pêle-mêle literie et chaises, armoires et lavabos, tous éclatés et brisés – le tout formant l'agglomération la plus pitoyable que j'espère jamais voir. Un marchand courageux était déjà en train de boucher les grandes cavités béantes qui étaient autrefois des vitrines, et çà et là un visage féminin effrayé surgissait derrière les ruines de son commerce.

« Madame Huard ! » cria une voix familière derrière moi. « *Mon Dieu* , toi !

Je me retournai et reconnus la femme de ma pâtissière.

" *Oui , moi ; arrêté* . "

"Arrêté!"

"Oui, à moins que vous vouliez bien dire à ces messieurs qui je suis ?"

" *Est- il possible ! Est- il possible !* Mais bien sûr, je vous connais... comment osent- ils !"

"Vous voyez", dis-je en me tournant vers les *auxiliaires* .

Mais ils se sont montrés inflexibles, demandant à mon amie de suivre si elle pouvait jurer sur mon identité. Elle obéit, mais notre groupe avait attiré l'attention de deux petits garçons qui s'élançaient hors d'une ruelle comme des rats d'une cave en criant : « L' *espionne ! l'espionne !*

Heureusement, à cet instant nous rencontrâmes un officier que j'abordai au loin, lui expliquai mon cas, lui présentai ma carte et mon pâtissier. Il comprit en un instant et renvoya en toute hâte mes gardiens.

"Je ne peux pas les gronder. Ils sont trop zélés , mais nous avons été si horriblement trahis depuis le début. Vous comprenez, j'en suis sûr. Veuillez accepter mes excuses, Madame !"

Je me suis incliné et il est parti. Puis je me suis tourné vers mon ami.

"Vous avez entendu la nouvelle, je suppose, Madame ?"

"Non quoi?"

Elle devint soudain blanche.

« Vite, finissons-en, femme ! »

Elle hésita.

"Est-ce que H.—?"

— *Non* , pas ça, madame, mais il y a un quart d'heure on disait que les ennemis reculaient encore et que nous pilonnions leur quartier général, le château de Villiers.

Je me sentais blanchir. La femme l'a vu et m'a attrapé par le bras. "Viens, viens," dit-elle. "Vous êtes fatigué, ce n'est peut-être pas vrai, tant de fausses alertes ont été lancées. Venez prendre un café, vous excuserez notre arrière-boutique, c'est tout ce qui nous reste."

Je la suivis volontiers, parcourant ce qui avait été autrefois l'une des pâtisseries de province les plus alléchantes, la bonne âme s'excusant tout le temps, comme si elle était responsable des dégâts. Pendant qu'elle bavardait, même si mon cerveau tournait, je comprenais de temps en temps des expressions telles que trois jours de pillage, deux jours de bombardement. En me tendant une tasse de café, elle m'expliqua que les envahisseurs ne s'étaient pas contentés de s'approprier violemment tous les objets personnels qu'ils avaient trouvés à leur goût, mais qu'après avoir bu tout le vin des caves, ils avaient volontairement ouvert les sacs. de farine et la jetait pêle-mêle dans toutes les directions.

" Et, Madame, ils sont entrés dans ma réserve d'œufs... cinq mille... " pleura-t-elle, " cinq mille ! Toute ma réserve d'hiver. Cela ne me dérangerait pas s'ils les avaient mangés, mais de les voir volontairement écrasés et gaspillés. " " Deux de ces misérables passaient une demi-journée à les faire sortir de la cave avec leurs casques, puis m'en traînaient dehors, les jetaient contre les murs et les fenêtres, se réjouissant sauvagement de ma détresse ! "

Je ne pouvais pas rester à l'intérieur, je n'avais qu'une pensée : aller à Villiers ou voir quelqu'un qui sache avec certitude ce qui s'y était passé.

Je traversai à nouveau la boutique, pagayant dans cette vase jaune et collante dans laquelle flottaient des morceaux de meubles et de vêtements comme des croûtons dans une gigantesque omelette nauséabonde.

Dehors, vers le bout de la rue qui donnait sur le quai, régnait une grande animation. Un clairon retentit et j'entendis le piétinement des soldats.

"Regarder!" s'écria mon ami. "Regardez, tout ce qui reste de l' Institut Saint - Joseph, la fierté de La Ferté ."

De l'autre côté de la rivière, entre les travées brisées du pont, mon regard tomba sur les restes éventrés de ce qui avait été autrefois un morceau des plus exquis de l'architecture du XVIIIe siècle. L'hôtel particulier qui avait abrité Louis XVI et Marie-Antoinette à leur retour mouvementé de Varennes n'était plus qu'un tas de cendres fumant !

"Et dire que nous devions le faire ! Oh, maudissez leurs peaux !" marmonna un homme âgé près de mon coude.

"Nous?"

"Oui."

"?"

"Eh bien, quand il a fallu sortir d'ici, ils ont traversé la Marne, détruit le pont et se sont retranchés dans les maisons du bord. Les Anglais les ont attrapés comme des rats en cage, mais à quel prix ! Un type qui a traversé à la rame dit qu'il peut supporter leurs gémissements, mais vous pariez qu'ils peuvent pourrir là-bas avant que nous allions les voir . Je vous demande pardon pour le langage ! »

Une douzaine d'hommes du *génie* s'affairaient à construire un arc provisoire entre deux travées, et dès qu'une planche était posée, un régiment cherbourgeois (presque tous réservistes) défilait un à un. La population leur fit une ovation, et c'était un spectacle curieux de voir ces gens soucieux, au visage hagard, devenir fous de joie, tandis qu'autour d'eux c'était la désolation.

« J'espère que vous n'êtes pas venue pour votre service à thé, Madame ?

Je me suis retourné et j'ai reconnu mon marchand de porcelaine, qui souriait cyniquement en se dirigeant vers sa boutique.

« Ça ne rapporte rien d'être marchand de verre de nos jours. Il n'a fallu que deux obus pour réduire en miettes vingt ans de gains ! Il n'y a pas un gobelet ni une assiette entière dans tout l'établissement ! je n'avais pas maltraité les femmes.

"Viens et vois!" s'écria un autre. "La maison de Durant s'est effondrée et sa femme et sa famille étouffent dans la cave. Vite !"

Il y eut une ruée générale dans cette direction, mais j'avançai vers le pont. Il était évident que mes chariots ne pouvaient pas traverser, mais il y avait juste un espoir qu'ils nous laisseraient passer, George et moi, avec nos vélos.

J'abordai la sentinelle qui montait la garde à côté d'un moteur abandonné sur le bord de la route, tordu et déformé comme un jouet en fer blanc sur lequel on aurait marché.

Non, le pont était réservé à l'armée.

J'ai insisté.

Un officier vint à mon secours, mais ne put que confirmer les ordres de la sentinelle.

"Même ici, vous n'êtes pas en sécurité. C'est la ligne de tir. Nous ne savons pas encore avec certitude si nous allons tenir le terrain que nous avons conquis. Villiers ? Toujours aux mains des Allemands."

J'ai soupiré et j'étais sur le point de me détourner. "Alors, où est le pont le plus proche ?"

" Meaux ."

"Mais c'est à trente kilomètres à l'ouest ! Je ne suis qu'à quinze kilomètres de chez moi ici !"

"J'aimerais pouvoir t'aider, mais ça ne sert à rien d'essayer de partir d'ici à moins que tu ne prennes cette direction."

Il fallait bien que ce soit Meaux , et bien que notre voyage fût considérablement prolongé, tout valait mieux que l'inaction.

VIII

C'est à contrecœur que nous tournâmes le dos à La Ferté le lendemain matin et nous dirigâmes nos chevaux vers l'ouest.

Bien entendu, le passage est réservé à l'armée et les routes bordant la Marne sont désormais bordées de soldats, de canons, d'ambulances et de camions de ravitaillement se précipitant vers le front. Après avoir été détournés et arrêtés pas moins de vingt fois, nous atteignîmes finalement Trilport , où les envahisseurs n'avaient fait que peu de dégâts matériels. La population civile, terrifiée, exultait même, car deux nuits auparavant, une automobile contenant quatre officiers allemands traversait la ville à toute vitesse, en direction de Paris, et, ignorant que les Anglais avaient détruit le pont, s'était précipitée dans le fleuve. L'affaire semblait être considérée comme une grande plaisanterie, et le principal amusement consistait désormais à se pencher sur le flanc brisé et à contempler le spectacle macabre d'un moteur à moitié immergé et de quatre corps humains gisant inanimés sur des rochers, gonflant rapidement, grâce à la chaleur et le courant.

les enterrons ", m'a expliqué un homme que j'ai interrogé.

Au moment où j'écris cette phrase, maintenant que plus d'un an s'est écoulé, elle semble cruelle et sans cœur, mais sur un coup de tête, et après tout ce que chacun a enduré, ce n'était que justice.

Bien que des barges soient rapidement mises en place pour former un pont temporaire, je pensais qu'il nous faudrait deux bons jours avant de pouvoir traverser, et ainsi, suivant le cours de la rivière, nous allâmes et sortâmes, tout autour. , cette fois à travers une campagne paisible, jusqu'à ce que nous atteignions Meaux .

Mon cœur fit un bond de joie quand, en m'approchant, je vis la cathédrale debout indemne, comme une gardienne au-dessus de la paisible petite ville.

Les Allemands n'avaient fait ici qu'un bref séjour, simplement une *entrée* et *une sortie* , et avaient été reçus par Mgr Marbeau , d'une manière qui est susceptible d'être enregistrée dans l'histoire et de placer son nom à côté de celui de son célèbre prédécesseur Bossuet.

Un ou deux obus égarés étaient tombés sur place, mais les dégâts causés étaient insignifiants. Le spectacle le plus pittoresque et le plus mélancolique se trouvait le long du fleuve, où, pour empêcher l'approche de l'ennemi, les Français avaient été obligés de faire sauter ces anciens ponts, monuments des XVe et XVIe siècles, car, comme le Ponte Vecchio de Florence, ils étaient bordée de maisons et de moulins, dont les toits pointus et les poutres apparentes avaient résisté près de cinq cents ans ! Aussi étrange que cela puisse paraître, ce sont eux qui ont le plus résisté et, bien que la dynamite ait rompu leur lien avec la terre et brisé leurs vitres bleu pâle, pas une maison ne s'est effondrée, et alors qu'ils se tenaient dans la flamme mourante du soleil, ils semblaient dire : « Touchez-moi, si vous l'osez !

Les bateaux de lavage , les chaloupes, les barges et tous les moyens de navigation disponibles avaient été coulés ou mis hors d'usage et bien que l'ennemi fût à peine à dix milles de distance, des hommes et des femmes s'occupaient activement de les remettre à flot.

Une fois de plus, il ne nous restait plus qu'à regarder la rive opposée et, après nous être assurés qu'il n'y avait pas de traversée possible, nous partions en toute hâte pour Lagny .

Cette nuit-là, nous avons dormi dans un hangar hospitalier offert par une paysanne solitaire, et le lendemain matin, nous avons traversé triomphalement la rivière et sommes retournés chez nous.

En nous dirigeant vers le nord, en rase campagne, nous choisissions tous les chemins détournés et tous les raccourcis où passeraient nos charrettes, afin d'éviter les longs flots d'ambulances et de fourgons de munitions, ainsi que dans l'espoir de trouver de meilleures voies de communication. Une pluie battante s'était abattue la nuit précédente, rendant les routes, jusqu'alors recouvertes d'une épaisse couche de poussière, glissantes et inconfortables. Les routes, jusqu'alors peu fréquentées, étaient pleines d'ornières et de bosses, et de Langy à Villiers, il n'y avait guère de virage qui ne laissait présager le passage des envahisseurs. Sur ces champs verts et fertiles dont les récoltes agitaient fièrement la tête sur la belle Marne, étaient jonchées de paille et de bouteilles vides en quantités inimaginables. Des milliers de points noircis ou calcinés parsemant la campagne, témoignaient de feux de camp et de bivouacs précipités, et alors que nous avancions silencieusement vers Charny , les preuves croissantes de la récente bataille rencontrèrent notre regard attristé.

Ici, un obus avait éclaté sur la route, au milieu d'une escadrille de cyclistes, dispersant hommes et machines aux quatre vents du Ciel. Un petit monticule, une croix grossièrement taillée, marquait l'endroit où une soixantaine de soldats reposaient dans leur dernier sommeil paisible, tandis que la *mêlée* de fils et de fers enchevêtrés qui avaient été autrefois des machines, ainsi que des vêtements tachés de sang, des morceaux d'obus, et même la chair humaine, formaient un tableau horrible et indescriptible.

Des souvenirs? L'idée ne m'est jamais venue à l'esprit. Et mon kodak , que j'avais si promptement utilisé pour commémorer divers événements, me paraissait un instrument vulgaire et curieux, et restait ignoré au fond du chariot. Chaque pas nous mettait face aux horreurs de la guerre. Vers Villeroy , plusieurs taxis parisiens cabossés nous laissent entrevoir l' astucieuse manœuvre du général Gallieni qui contribua à sauver la capitale - puis le vent apporta vers nous une odeur nauséabonde qui paralysa nos appétits et nous envoya obstinément en avant : la puanteur du champ de bataille.

Les filles dans la charrette se rapprochèrent en frissonnant, même si l'air était chaud et lourd. Même le vieux César semblait ressentir la crainte de cette Vallée de l'Ombre, et personne ne murmura lorsque nous passâmes devant les premières carcasses gonflées de chevaux morts et tombâmes sur ce spectacle bien plus horrible : des corps humains gonflés jusqu'à deux fois leur taille naturelle, allongés comme la mort. les avait rencontrés, certains en tas, d'autres plus éloignés – tous méconnaissables, mais autrefois chéris de mères fières. Je pense qu'ils étaient nos ennemis. Je n'ai pas arrêté d'enquêter ; les mouches nous gênaient terriblement, et de longs tertres bas sur lesquels étaient empilés des képis rouges témoignaient des tombes des défenseurs de la France. Au loin, je pouvais découvrir des groupes d'hommes armés de pelles, enterrant à la hâte ceux qui restaient. À droite, une colonne paresseuse de fumée dense s'élevait à contrecœur dans l'air lourd. Je croyais qu'il venait d'un bûcher funéraire ; nous sentions certainement le goudron et l'essence. Le sol en dessous tremblait avec le tonnerre du canon lointain, et tandis qu'un carillon éclatait plus fort, une volée de corbeaux noirs de jais montait vers le ciel, croassant tristement dans le semi-crépuscule.

Nous avons donc continué, une communauté silencieuse, douloureuse aux pieds et trempée par la pluie. Avec l'éloignement grandissant du danger imminent, la réaction de tous ceux que nous avions traversés s'est produite, et au plus profond de notre cœur, nous avons accueilli favorablement l'idée d'entrer dans un village.

Un village! Hélas! Alors que nous atteignions la route menant à Barcy , il y eut une fissure dans les nuages, et un long rayon doré traversa une énorme brèche dans le clocher de l'église, vacilla un instant sur un groupe de maisons sans toit et disparut. La nuit tombait.

Notre moral a coulé. Yvonne commença à gémir d'agonie, sa sciatique était revenue avec l'humidité et Nini , pour une raison inconnue, se mit à sangloter comme si son cœur allait se briser. Je voyais le moment non loin où tout notre groupe, saisi de peur, serait pris de panique, et cette idée, ainsi que celle de camper dans les champs détrempés entourés d'une mort sinistre, était tout sauf rassurante.

"Allez," insistai-je. " Barcy n'est sûrement pas entièrement déserté."

Quelle boue ! Quelle route, tantôt entièrement vidé, tantôt tellement encombrée de bidons d'essence, de moyeux de roues et de débris de fer, que j'étais obligé de tenir César par la bride, pendant que les autres marchaient devant et se frayer un passage. Leur progression était comme un escargot, car il restait peu d'huile dans notre lanterne et ils hésitaient avant de jeter les ordures dans le fossé, de peur de profaner la tombe de quelque héros inconnu.

Et ainsi, trébuchant et hésitant, nous sommes arrivés à Barcy . En passant devant l'église délabrée, nous apercevons l'immense cloche de bronze posée au milieu d'un amas de poutres, au pied du beffroi. Le *cadran* de la tour de l'horloge se trouvait à mi-chemin entre les ruines de l'édifice lui-même et celles de l'ancien hôtel de ville. On ne voyait âme qui vive nulle part. Restez, oui, devant nous se trouvait une silhouette masculine.

J'ai appelé "Monsieur !"

Il s'arrêta un instant. Puis il secoua la tête et s'éloigna furtivement.

A travers un papier huilé qui avait remplacé les carreaux d'une fenêtre brisée dans une maison qui n'avait plus de deuxième étage, j'aperçus une lumière vacillante. J'ai hardiment frappé à la porte.

« *Qui est la ?* — » demanda une voix féminine aiguë et tremblante.

"Moi, Madame H. de Villiers."

"Je ne te connais pas, passe ton chemin."

"Mais nous sommes des réfugiés."

"Je n'ai plus rien. *Allez-vous-en !*"

C'était pour le moins catégorique. Nous avons donc continué notre route, passant devant les ruines calcinées de maisons autrefois heureuses.

Alors que nous tournions à un coin, notre lanterne projetait une faible lueur sur les volets tirés d'une structure à moitié effondrée.

« Arrêtez-vous un instant, » dit Julie ; "Il y a quelque chose d'écrit sur ces stores."

Je m'approchai, et en tenant la lumière le plus près possible, je lus le panneau suivant, tracé à la craie en grosses lettres blanches :

"Attention. Pas de flânerie. Les pilleurs seront abattus sur place !"

Ce fut la goutte d'eau qui fit déborder le vase, et même s'il était évident que l'avertissement était destiné aux troupes se trouvant à des kilomètres de là, il nous fit avancer avec une célérité étrange.

Notre avance fut cependant de courte durée, car il devint bientôt évident que nos chevaux étaient épuisés. Pourtant, où aller devenait-il une question angoissante, car bien que nous soyons encore dans les limites du village, on ne voyait pas un toit. Il me semblait qu'il n'y avait qu'une chose à faire, et alors, m'arrêtant, je fouillai au fond du chariot et en sortis une poignée de paille sèche et ma précieuse bouteille d'eau-de-vie. Grâce à ceux-ci, une allumette et un mur d'abri, une flamme parvint à s'allumer et Julie se procura quelque part dans les environs un fagot de brosse et un vieux balai.

Avec la chaleur, notre moral s'est amélioré. Les filles se séchaient du mieux qu'elles pouvaient devant le feu de bienvenue et, bien que toujours impressionnées par notre environnement, nous grignotions une croûte de pain sec et du fromage rassis.

Puis, silencieusement, Nini et Yvonne remontèrent silencieusement dans la charrette, se couvrirent de foin et d'une couverture, ouvrirent un parapluie au-dessus de leurs perles et s'endormirent bientôt profondément. Les autres me suppliaient de partager leur lit sous la charrette, mais tourmenté par la pensée de ce qu'était devenu H., déchiré par l'inquiétude de ce que l'avenir me réservait, je ne pouvais me résigner au repos, et les premières traînées grises de cette fraîche aube de septembre, je me trouvai assis sur une pierre, regardant les braises incandescentes de notre feu de garde.

De nouveau, le vent tourna dans notre direction, apportant avec lui la même odeur répugnante. J'ai frissonné, je me suis ressaisi et, après avoir soigneusement examiné ma feuille de route, j'ai décidé qu'il y avait juste une chance d'atteindre Villiers avant la nuit, mais seulement si nous partions immédiatement. Cette vie en suspens commençait à peser sur mes nerfs et tout, même l'assurance d'un malheur redouté, aurait semblé un soulagement. Après l'état dans lequel nous avions trouvé Barcy, il ne faisait guère de doute que notre région du pays avait été traitée de la même manière. Peut-être était-il encore aux mains des Allemands ; nous n'avions aucun moyen de savoir le contraire.

J'ai réveillé les domestiques et leur ai fait part de mon intention, et en quelques instants une cafetière bouillait sur le trépied. Malgré l'heure matinale, je n'hésitai pas à ajouter un peu d'eau-de-vie dans chaque tasse, car après vingt-quatre heures de pluie continue, un stimulant était non seulement nécessaire mais bienvenu. J'ai essayé d'amadouer les chiens pour qu'ils en prennent, ils semblaient si mouillés et misérables, mais ils ont rejeté mon offre et sont restés à me regarder avec des yeux les plus pitoyables et les plus tristes.

Bientôt, Tiger disparut derrière le mur, et une seconde plus tard nous entendîmes un grognement sourd. Avec une témérité enfantine, Nini se leva pour voir quelle était la cause de son inquiétude, puis presque instantanément je l'entendis haleter : « *Un mort* !

Cela nous remit sur pied et, en un bond, j'étais sur place juste à temps pour la voir s'approcher sans crainte de la forme prostrée d'un soldat allemand, dont l'extrémité supérieure du corps était cachée sous le dessus d'une chaudière en étain. L'enfant souleva le couvercle, aperçut, comme nous, un tronc humain sans tête et tomba évanoui.

Nous étions en bonne voie avant qu'elle ne reprenne ses esprits, et il y avait des moments où j'aurais presque souhaité qu'elle reste en sommeil jusqu'à ce que nous ayons dépassé l'horrible plaine qui s'étend entre Barcy et Vareddes , aujourd'hui un champ de bataille historique.

Quel spectacle étrange et merveilleux cela présentait ce sombre matin de septembre. Derrière nous Barcy , dont chaque édifice a été décapité ou dégradé au point de ressembler à une gigantesque passoire. Autour de nous et de tous côtés des champs assez labourés par les balles et les obus, et tous les cinquante mètres il me semblait se dresser un monticule fraîchement recouvert, s'étendant à perte de vue. Sur ces tombes nouvellement creusées étaient entassés des centaines de casquettes rouges de soldats, et çà et là une croix de bois taillée à la hâte, portant de telles inscriptions , griffonnées à la mine de plomb sur un espace lisse taillé au couteau :

Aux Braves du 248

Lorsqu'un officier était retrouvé et identifié, il était enterré seul et son nom était soigneusement écrit sur la croix, mais le plus souvent on voyait des tombes marquées ainsi :

- Ici reposé deux officiers et quarante hommes du 28 … ieme ._

Parfois le tombeau était dans le fossé (pour éviter de creuser) et une fois nous avons vu les *pompiers parisiens* enterrer des cadavres allemands dans la tranchée même où ils avaient creusé et où ils étaient morts.

Des fils électriques aériens emmêlés se balançaient dangereusement près de la route, les poteaux se brisaient ou s'écroulaient, tandis qu'au loin les souches d'une rangée de peupliers autrefois majestueuse faisaient ressembler l'horizon à un visage édenté et souriant.

À maintes reprises, nous étions obligés de quitter la route pour éviter un accident en passant sur des obus non explosés, et je me souviendrai toujours d'un chêne gigantesque qui, bien que toujours debout, était fendu en deux par un obus de 77 enfoncé intact dans le tronc béant ; c'est l'impact, et non l'explosion, qui a provoqué la rupture.

Plus nous avancions, plus les signes d'un conflit récent devenaient évidents. Les meules de foin semblaient avoir été une cible favorite ainsi qu'un refuge. L'une d'entre elles était presque entièrement creusée et les côtés de l'ouverture éclaboussés de sang indiquaient que l'occupant avait été pris comme dans un piège. Autour de ces tas étaient éparpillés les restes de vieilles bottes et chaussures, des chiffons écarlates imbibés de sang, des haricots secs, des morceaux de savon, des cartes à jouer et des chansons. Oh, fils légers de

France, on peut dire avec vérité que la mort ne vous faisait aucune terreur, puisque de Barcy à Soissons le terrain que vous aimiez et si vaillamment défendu était semé blanc de centaines de milliers de tendres chansons et *de chansons de route* .

De Vareddes nous passâmes à Congis , la seule âme vivante que nous rencontrâmes étant un petit vieux curé aux cheveux blancs, qui s'était donné pour tâche de bénir chaque tombe nouvellement creusée.

" Si cette pluie continue, quelques-uns d'entre eux seront tellement effacés dans quinze jours que nous ne les retrouverons jamais. Voyez, cette croix n'est que deux morceaux de paille liés ensemble par un cordon de chaussure ! "

Et il m'a présenté la fragile décoration pour que je l'inspecte.

"Ceux-ci sont plus durables", et il montra une autre relique constituée d'un fourreau de baïonnette, croisé sur la lame elle-même !

— Et vous, monsieur le curé, n'est-ce pas que vous êtes ici ?

" Hélas ! Dieu aurait voulu qu'ils m'aient pris à la place de nos garçons ! Sept d'entre eux, Madame, enlevés en otages. J'étais trop vieux pour être utile ! "

"Et les femmes ?"

Le pauvre petit homme accrocha son collier.

« C'était mieux qu'ils soient morts !

J'ai compris et j'ai frémi.

" Que Dieu te protège, ma fille, et ne cesse de le remercier de t'avoir préservée ! "

Encore une fois nous avons repris notre chemin.

Lizy -sur- Ourq , où nous arrivâmes en fin de matinée, offrit un spectacle plus animé, quoique à peine plus agréable. Sur les voies devant la gare, des dizaines de wagons plats et de trains de marchandises avaient été délibérément rassemblés. Certains s'étaient télescopés, d'autres étaient empilés les uns sur les autres, leurs locomotives ainsi que leur contenu étant brisés et endommagés, le tout présentant l'aspect d'un gigantesque accident de chemin de fer.

Sur les marches de la gare, assis, fusil à la main, trois soldats jouaient aux cartes. De l'autre côté de la rue, une sentinelle montait la garde devant une grande porte sur laquelle flottait un drapeau de la Croix-Rouge.

"Quoi de neuf?" J'ai demandé.

"Prisonniers et blessés."

"Puis-je être utile ?"

« Presque… seulement des blessures corporelles.

J'ai jeté un coup d'œil dans la cour.

Dans un coin, affalés par terre, se trouvaient une douzaine d'hommes en désordre et mal rasés, que je reconnus à leurs uniformes pour être des Allemands. Un homme m'a jeté un regard insolent et m'a tourné le dos. Deux autres sourirent et désignèrent le pain qu'ils tenaient dans leurs mains. Sur de la paille, dans deux charrettes, gisaient cinq ou six individus, les bras en écharpe, la tête bandée.

"Rien de grave", explique un sergent. "Nous attendons que nos hommes déblayent les voies et que le *génie* jette un pont sur le canal. Ensuite, nous les évacuerons."

Il n'était ni triste ni triomphant.

« Étiez-vous dans la bataille ?

"Plutôt!"

"Comment votre régiment s'est-il détaché ?"

« Nous sommes tout ce qui reste, quarante-quatre d'entre nous », et il montra la gare où les travaux avançaient rapidement.

Je leur procurai du bœuf *sauvage* ou du bœuf militaire, et nous nous arrêtâmes une heure pour reposer les chevaux et prendre notre déjeuner. Nous commencions à atteindre un territoire familier et l'idée de rentrer à la maison redonnait une nouvelle vie à nos membres fatigués et faisait paraître chaque moment d'attente inutilement long.

Depuis Lizy, notre route était droite et nous avons progressé rapidement. Les signes déprimants de la bataille devenaient de moins en moins nombreux. Il était évident que la ruée s'était dirigée vers le nord-ouest, car tandis que nous rencontrions de nombreuses preuves du passage des armées, les tombes et les obus, les tranchées et les cadavres commençaient peu à peu à disparaître. A Cocherel , cependant, l'ennemi avait incendié une épicerie faute de trouver ce qu'il cherchait. Les quelques hommes qui restaient avaient beaucoup souffert des mauvais traitements et, passant devant la porte ouverte d'un splendide domaine, je jetai un coup d'œil sur la longue avenue et vis un spectacle qui me fit un pincement au cœur. Sur le green, devant le château, se trouvaient un billard délabré et un piano à queue, tous deux renversés, et bien pires pour avoir servi de défense contre une pluie de coups de feu. Autour d'eux étaient éparpillés des meubles cassés, des tableaux, du linge et des bouteilles dans un tel désordre que je n'osais même pas imaginer à quoi pouvait ressembler Villiers maintenant.

La curiosité était éteinte. Nous jetâmes un second coup d'œil et tournâmes nos visages vers l'est.

L'après-midi était bien avancée lorsque nous arrivâmes à Montreuil-aux-Lions, notre pays d'origine. Nous avons constaté qu'ici, moins de dégâts avaient été causés par l'artillerie lourde, mais que tous les édifices avaient subi des tirs de fusils à courte portée. Une sentinelle anglaise arpentait devant la mairie. Au-dessus de l'entrée était clouée une serviette turque sur laquelle était tachée de sang humain une croix rouge !

"Les prisonniers?" J'ai demandé.

"Tous les blessés, merci", fut la réponse courtoise.

Je cherchai mon ami aubergiste qui, étonné, leva les mains, nous fit entrer et nous fit prendre un repas chaud. La première que nous ayons eue depuis notre départ de chez nous !

"Mais comment en êtes-vous arrivé à être épargné ?" J'ai demandé.

"Parce que j'étais gentil avec eux."

"Bah ! Comment as-tu pu ?"

"Je n'en avais pas l'intention, mais, voyez-vous, ils m'ont trompé. C'était tôt le matin lorsqu'une demi-douzaine d'officiers à cheval se sont approchés de la porte. "Où sont nos alliés ?" ils ont demandé.

"Je pensais bien sûr que c'étaient des Anglais. L'uniforme ne m'était pas familier, mais ils parlaient tous un français parfait. Sans le savoir, je leur ai donné les informations demandées et ils m'ont demandé de leur apporter du bon vin. Puis ils ont jeté une pièce d'or dessus. sur la table, et quand j'eus servi mon Bourgogne, ils me prièrent de toucher des verres avec.

"'Ah, messieurs, c'est un plaisir de vous offrir le meilleur que j'ai. Dieu merci, ce n'est pas pour les estomacs allemands !"

"À ma grande surprise, un rire bruyant a accueilli ma déclaration et a fait tomber mon verre avec un choc.

"'Pauvre gars!' » ricanaient-ils . « Venez boire à notre succès et à la santé du Kaiser !

"Je pense qu'ils ont réalisé ma peur et mon agonie. Ils ne m'ont pas forcé, mais ils ont ri de nouveau, ont bu et sont partis."

« Quels régiments les ont chassés ?

"Les Anglais. *Quels des gaillards !* Et propre! Bien!"

"Que veux-tu dire?"

"Oui, ils ont presque épuisé toute l'eau de la lessive de Montreuil !"

— Connaissez-vous Villiers ?

"Non. J'ai passé la plupart de mon temps dans la cave pendant le combat, et depuis qu'ils sont partis, je vis dans la terreur à l'idée qu'ils reviennent."

"N'as-tu vu personne de là-bas ?"

"Non, pas une âme."

« Pensez-vous que Villiers a été bombardé ?

Il haussa les épaules. "Je connais les troupes anglaises qui étaient ici et qui se dirigeaient dans cette direction."

Ce suspense était trop angoissant ! Je crains d'avoir tellement abrégé mon séjour à Montreuil que le bon aubergiste en soit offensé. J'ai enfourché mon vélo et, sachant que les routes étaient désormais familières à tous, j'ai abandonné ma petite fête en les invitant à se dépêcher de me rejoindre à la maison.

J'ai continué, j'ai filé, dans la boue glissante, sans regarder ni à droite ni à gauche, mais droit devant moi dans l'espoir de reconnaître un visage ou une forme familière.

Le crépuscule s'approfondissait lorsque j'entrai à Bézu -le-Gury (notre ville natale la plus proche), qui ne semblait montrer que peu de signes de pillage. Je ne suis même pas descendu de cheval pour me renseigner, mais j'ai pédalé jusqu'à atteindre le sommet de cette très longue colline qui mène directement à chez moi. L'excitation a donné un nouvel élan à mon énergie et mon cœur a battu la chamade lorsque j'ai reconnu des cottages familiers encore debout. Cela m'a donné espoir et m'a envoyé comme une fusée sur cette pente raide.

Toujours pas une âme en vue, aucun bruit si ce n'est celui des canons qui rugissent au loin.

Mais qu'est-ce que c'était dans la pénombre devant moi ? Un chien? Serait-ce vrai ? J'ai fait marche arrière et j'ai sifflé – un long hurlement grave et familier a accueilli mes oreilles et m'a fait monter les larmes aux yeux.

Et puis mon pauvre vieux chien beagle est venu au trot sur la route pour m'accueillir, sa queue remuant joyeusement et une longue corde effilochée pendait à son collier.

Ce fut un soulagement, cela m'a quelque peu stabilisé et m'a préparé à ce qui allait arriver. À travers une brèche dans les arbres, j'ai aperçu les toits en contrebas. Et donc j'ai tourné le coin et j'ai commencé mes cent derniers mètres.

La grille brisée et emmêlée de notre majestueuse porte d'entrée témoignait de la visite des envahisseurs. Quelques pas plus loin, le château apparaît pleinement.

Oui, il était debout, mais seulement la coquille de cette charmante maison que j'avais fui quatorze jours auparavant.

Lâchant ma machine, je me précipitai vers le hall d'entrée, jetai un coup d'œil à travers les vitres brisées dans le vestibule et me détournai, désespéré.

Tous les dégâts délibérés que les êtres humains pouvaient causer avaient été causés au contenu de ma maison.

Le charme était rompu. Mes nerfs se sont détendus et, insouciant de la saleté, je me suis laissé tomber sur les marches et j'ai pleuré.

IX

Je pense que c'est la puanteur de l'intérieur qui m'a d'abord tiré de mon chagrin et m'a fait comprendre que c'était la guerre et qu'il n'y avait pas de temps pour pleurer. J'ai essayé de me réconforter en pensant qu'au moins j'avais un toit pour me couvrir, mais ce n'était qu'une piètre consolation.

Me ressaisissant, je traversai la pelouse en direction du village à la recherche de secours, car un second coup d'œil me dit qu'il était inutile même de songer à entrer dans la maison, tant la saleté et le désordre étaient grands.

Lentement, j'ai avancé, la tête penchée, le cœur lourd de chagrin et d'inquiétude. À vingt pas devant moi, j'aperçus un tertre bas, puis, horreur des horreurs, une immense croix noire se dressa dans la pénombre. Une tombe, une tombe allemande. Quelques pauvres âmes enterrées sur mon gazon ; mais pourquoi, puisque notre petit cimetière n'est qu'à quelques centaines de mètres de là ?

Villiers n'est pas un village joyeux, même en temps de paix, mais ce soir-là (14 septembre 1914), il faisait encore plus sombre que jamais. Mes yeux s'habituant à l'obscurité purent voir que la plupart des maisons, bien que endommagées par la bataille, étaient toujours debout et, à une ou deux fenêtres, la lueur d'une lumière égayait mon regard.

Je suis allé directement à la mairie où j'ai frappé à la porte et j'ai appelé mon nom. Un bruit de pas familier m'apprit que M. Duguey était resté fidèle à son poste de greffier (le seul fonctionnaire en exercice depuis la mobilisation de l'armée) et lorsqu'il ouvrit la porte et me vit, ses yeux s'illuminèrent de joie. Tenant une bougie au-dessus de sa tête, il sourit puis son visage tomba.

« *Pauvre Madame* », dit-il. "Avez-vous vu le château ?"

J'ai hoché la tête.

" Ah ! les vandales ! Pas la guerre, mais le vol de grands chemins, comme je l'appelle. Nous, pauvres paysans, n'avions pas grand-chose à perdre, mais avec vous, Madame, c'est différent. "

Puis il me raconta comment, quelques heures seulement après mon départ, les Allemands prirent possession du château et comment, pendant cinq nuits et cinq jours, dans un flot incessant, la fleur de l'armée prussienne s'était déversée sur la route vers la capitale convoitée.

A l'aube, en ce matin mouvementé de septembre, un officier s'était rendu à cheval à la mairie, avait appelé le maire ou son représentant, et, à l'apparition de M. Duguey , avait demandé tant de fourrage pour les chevaux, tant de champagne pour les officiers, et Charles Huard !

M. Duguey a été pris en otage pour répondre aux deux premières demandes et après avoir juré sur la croix que mon mari et moi étions absents, il a reçu l'ordre de nous conduire chez nous, où pendant quarante-huit heures il a été retenu comme prisonnier dans la cuisine, tandis qu'un personnel de nobles allemands soulevait l'émeute dans notre maison.

Raillé et insulté par les militaires qui montaient la garde dans la cuisine où un chef préparait les plats du général, il fut sommé de retenir sa langue et son sang-froid par ce même chef qui, pendant onze ans, avait cuisiné dans un hôtel réputé de la rue. de Rivoli ! Pas étonnant qu'il parle bien français.

" *Pauvre Madame !* Peut-être êtes-vous revenue trop tôt ! Si nous savions qu'ils ne reviendraient pas ! "

Le canon au loin secoua la maison comme pour corroborer sa déclaration.

"Est-ce qu'il reste quelqu'un pour m'aider à nettoyer l'endroit où dormir ?"

"Je vais y aller. Il n'y a qu'une ou deux femmes qui sont restées sur place, mais je suppose que c'est dommage qu'elles l'aient fait ! Quel don de Dieu vous êtes partie !"

J'ai compris et j'étais reconnaissant.

M. Duguey mit sa bougie dans la lanterne, prit un balai sur son épaule, et, prenant une couverture, se dirigea vers le château.

Le manque de mots pour exprimer nos peurs et notre détresse nous a fermé les lèvres tandis que nous nous dirigeions vers une cour crasseuse, jonchée de canettes et de bouteilles, vers une aile du château où j'avais choisi de dormir.

Je sais à peine ce que nous avons parcouru dans le couloir. Mon compagnon poussa les objets en tas dans un coin de la pièce, et quand je le vis balayer un matelas et y jeter sa couverture, je compris que mon lit était fait.

"Vous n'avez pas peur, Madame ?"

"Non."

"Alors *demain* . Je viendrai vous aider. Je crains cependant de devoir vous laisser dans l'obscurité, car il n'y a pas d'allumettes dans le village. Nous devons emprunter de la lumière pour nos feux, et notre stock de bougies est presque épuisé . disparus. Ce ne sont que les mégots que les Allemands ont laissés derrière eux !"

Épuisé, je m'endormis, réveillé en sursaut vers l'aube par le bruit des pas des chevaux sur la cour pavée, sous ma fenêtre.

Cavalerie?

J'ai écouté.

Oui sûrement. Mais quelle cavalerie ? Les notres?

La curiosité a pris le dessus sur moi et j'ai sorti la tête de la ceinture vide pour contempler un spectacle des plus pathétiques. Là, sous une pluie battante, se tenaient une vingtaine de chevaux grelottants, autrefois de beaux animaux mais maintenant blessés et brisés. Le lamentable petit groupe, laissé sur place par les envahisseurs, était dirigé par mon vieil âne gris, qui les avait rassemblés et les conduisait maintenant vers la chaleur et l'abri. Cette sympathie envers les animaux m'a profondément ému et je suis descendu pour voir ce que je pouvais faire pour soulager leurs souffrances.

J'ai cependant honte de dire que je n'ai jamais atteint l'écurie, car les spectacles de crasse et d'horreur que j'ai rencontrés en chemin m'ont tellement distrait que j'ai traversé toute la maison, impatient de voir vraiment combien de dégâts avaient été causés. .

J'étais encore en train de faire ma tournée décourageante quand les autres entrèrent dans la cour, et des lamentations longues et bruyantes s'élevèrent de leurs lèvres.

Comment peut-on le décrire ? Cela semble presque impossible. Trop de choses ont déjà été dites, on sait vraiment trop peu de choses, c'est pourquoi je me contenterai de quelques brèves déclarations.

Je voudrais surtout faire comprendre que le château fut d'abord occupé par le général von Muck et son état-major. Les noms crayonnés sur les portes de mes chambres en grosses lettres rouges en témoignent, ainsi que quelques sous linges souillés et un *verre* marqué v. K. et de nombreux papiers estampillés du sceau impérial. Ces derniers sont tous des ordres ou rapports appartenant au troisième corps d'armée, et ont été abandonnés dans la précipitation de la fuite !

Comme je peux maintenant voir les choses dans un état d'esprit plus calme, je me rends compte que l'efficacité n'était pas seulement la guerre mais aussi le pillage - car il semble que tout ce que nous possédions était systématiquement classé comme bon, mauvais ou indifférent - le premier et ces derniers étant soigneusement emballés dans d'immenses chariots de ravitaillement de l'armée, qui pendant cinq longs jours restèrent adossés à notre porte, ne repartant qu'entièrement chargés de butin.

Ensuite, ce qui restait a été jeté dans les coins et volontairement sali et barbouillé de la manière la plus dégoûtante et la plus nauséabonde.

Une preuve de l'efficacité mentionnée ci-dessus peut être donnée dans une description de l'atelier de mon mari, où j'ai trouvé tous les cadres vides, les toiles ayant été soigneusement découpées au rasoir et roulées pour des raisons de commodité.

Inutile de préciser que les tapisseries, l'argenterie, les bijoux, les couvertures et le linge de maison, ainsi que le linge de maison, étaient considérés comme des trophées de guerre. Cela me semble bien plus compréhensible que le fait que notre château étant doté de toutes les commodités sanitaires modernes, celles-ci ont été volontairement ignorées, et les couloirs et les coins, les rideaux de satin des fenêtres et même les lits , ont été utilisés aux fins les plus ignobles.

Partout il y avait des traces nauséabondes d'ivresse détrempée. Sur la table à côté de chaque lit (la plupart d'entre eux désormais dépourvus de matelas) se trouvaient des bouteilles de champagne et des verres à moitié vides. Le salon jonché de paille ressemblait beaucoup à un café en plein air bon marché après une émeute du samedi soir, et le malheureux piano droit était non seulement orné de bouteilles de champagne vides, mais contenait également deux à trois cents pots de confiture versés à l'intérieur - verre et tout. , probablement juste pour plaisanter. Oh, *la culture !*

Je pense que cela et le fait que la plupart de mes canards et petits animaux avaient été tués et laissés mentir et pourrir, étaient les choses qui me mettaient le plus en colère, et chaque fois que les armes à feu retentissaient, je priais ardemment pour me venger !

Et c'est moi qui, croyant à la chevalerie germanique , espérais que mes lettres d'amour, protégées par l'emblème de mon pays, seraient respectées ! Mon pauvre petit bureau en palissandre avait été impitoyablement frappé à coups de baïonnette et son contenu éparpillé d'un bout à l'autre du village. Quant aux Stars and Stripes, lorsque nous avons enfin dégorgé les tuyaux de certains appareils sanitaires dont on ne parle pas habituellement dans le bon monde, ils y ont été retrouvés dans un état lamentable et portés au lavoir avec une pince.

Quel petit village démuni nous étions. Le mien n'était que le sort commun, car chacun avait perdu en proportion de sa fortune. Pourtant, il n'y a eu aucune lamentation. Il y avait du travail à faire, car les vendanges approchaient et les vignes étaient dans la plupart des endroits respectées. Les officiers allemands avaient même annoncé que notre pays était déjà annexé et que ce serait le champagne pour commémorer le triomphe de la Patrie !

Mes petits domestiques s'acquittaient de leur sale boulot et travaillaient sans relâche, même si c'était une tâche ingrate, car le savon et la soude n'existaient pas et la nourriture, à l'exception des légumes et un peu de porc, était difficile à trouver.

Une semaine s'écoula, puis un après-midi, une voiture militaire arriva devant la porte. En le voyant entrer dans la cour, je tremblai qu'il n'apporte de mauvaises nouvelles de H., mais un aimable officier me rassura en me disant que, même s'il n'apportait que le bouche à oreille, mon mari était toujours au pays des vivants. Il annonça également qu'il était de son devoir de réquisitionner mes biens comme hôpital d'urgence français et qu'il serait obligé si je mettais à sa disposition tous les lits que je possédais. Un médecin et quelques *infirmiers* seraient envoyés immédiatement pour remettre les lieux en état de marche. Est-ce que j'aiderais ? Et est-ce que je connaissais quelqu'un que j'aimerais avoir avec moi ?

"Vous serez des prisonniers volontaires, vous savez, car ici c'est la *zone d'opérations* , et vous ne serez pas autorisés à sortir."

Je pensais à Madame Guix . Était-elle encore en vie ?

Mon ami m'a dit qu'il serait heureux de m'accompagner à Rebais , car c'était le lieu le plus proche pour recruter une infirmière.

Et c'est ainsi que je traversai à nouveau la Marne. Cette fois *fr grande vitesse* , et au bout d'un peu plus d'une heure elle fut accueillie par la gentille supérieure qui, au milieu des ruines de toutes les maisons voisines, poursuivait tranquillement son travail au couvent.

Oui. Madame Guix était là, une héroïne, à ce que je savais, aimée et respectée de tous ceux qui avaient été obligés de rester dans cette malheureuse ville. Je l'ai trouvée s'occupant de vingt-six hommes grièvement blessés – Français, Anglais et Allemands –, toute seule pour faire tout le travail, un médecin de quatre -vingts ans ne venant qu'une fois tous les deux jours.

"Je ne peux pas les laisser", a-t-elle déclaré en désignant les militaires, lorsque je lui ai demandé d'allier les forces pour la reconstitution de mon hôpital. "Mais dès qu'ils pourront être retirés, je viendrai, je le promets."

Dans le salon du bas, la Sœur Supérieure m'a raconté l'invasion, pendant que j'attendais le retour de l'auto militaire qui devait me ramener chez moi.

"Elle est merveilleuse", dit Soeur Laurent, en parlant de Madame Guix . " Merveilleux, n'ayant peur de rien. Un jour, au début de l'invasion, elle a été plaquée contre le mur et une brute allemande a visé et appuyé sur la gâchette d'un fusil qu'il avait trouvé dans un coin. Elle l'avait accidentellement recouvert avec le fusil d'un blessé. " grand manteau ! Il l'a accusée de cacher des armes ! Puis, au plus fort de la bataille, elle s'est rendue dans les lignes allemandes et a cherché un médecin pour nos hommes, se sentant incompétente. Tout le personnel médical allemand est venu la féliciter pour son courage. et dévotion, avant qu'ils ne partent, je vous dis tout cela parce qu'elle ne le fera jamais ! »

Quelques jours plus tard, arrivent un médecin et des *infirmiers* , ces derniers n'ayant pas choisi d'hommes, puisque dans la vie ordinaire ils sont percepteur d'impôts, gardien au Théâtre de Belleville, peintre omnibus, clerc de notaire et barbier ! Mais ce sont tous de « bons gars », prêts à travailler sans avoir le choix quant au « travail ».

Madame Guix se présenta comme prévu et notre hôpital fut déclaré ouvert.

De prêts et de réquisitions nous avons accumulé une centaine de lits, et depuis quinze mois, à force de mendicité et d'économie la plus stricte, nous avons réussi à maintenir en vie et à soigner, de notre mieux et à notre manière primitive, tous ceux des braves fils de France qui venez à nous, malade ou blessé. Avec l'aide de Dieu, nous continuerons à le faire jusqu'au jour de notre victoire complète.

La fin